LUMEN GENTIUM

CONSTITUTION DOGMATIQUE
DU CONCILE VATICAN II
SUR L'ÉGLISE

ÉDITIONS PAULINES

Ce texte a été tiré de l'édition publiée par la Libreria Editrice Vaticana.

Composition et mise en page: *Les Éditions Paulines*

ISBN 2-89039-197-3

Dépôt légal — 4e trimestre 1988
Bibliothèque nationale du Québec
Bibliothèque nationale du Canada

Chapitre I

LE MYSTÈRE DE L'ÉGLISE

1. Le Christ est la lumière des Nations, c'est pourquoi ce saint Concile assemblé dans l'Esprit Saint, souhaite vivement éclairer tous les hommes de sa lumière qui resplendit sur le visage de l'Église, en annonçant l'évangile à toute créature (cf. Mc 16, 15). Puisque l'Église est dans le Christ comme un sacrement ou signe et instrument de l'union intime avec Dieu et de l'unité de tout le genre humain, elle entend, en suivant le thème des précédents Conciles, exposer avec plus de précision à ses fidèles et au monde entier sa nature et sa mission universelle. Les conditions actuelles en font pour l'Église un devoir plus pressant, car il importe que tous les hommes aujourd'hui plus étroitement associés entre eux par de multiples liens, sociaux, techniques, culturels, puissent atteindre même leur pleine unité dans le Christ.

2. Le Père éternel, par une décision toute libre et mystérieuse de sa sagesse et de sa bonté, a créé

l'univers; il a décidé d'élever les hommes jusqu'à les faire participer à la vie divine et il ne les abandonna point lorsqu'ils tombèrent en Adam: toujours il leur offrit des secours pour leur salut, en considération du Christ Rédempteur, « qui est l'image du Dieu invisible, le premier-né de toute créature » (Col 1, 15).

Tous les élus, le Père avant tous les siècles les « a d'avance connus et prédestinés à être des images ressemblantes de son Fils, pour que celui-ci soit le premier-né d'un grand nombre de frères » (Rm 8, 29): ceux qui ont foi dans le Christ. Il a voulu les appeler en la Sainte Église qui, préfigurée dès l'origine du monde, admirablement préparée dans l'histoire du peuple d'Israël et dans l'ancienne alliance[1], établie dans les derniers temps, a été manifestée par l'effusion de l'Esprit et sera glorieusement achevée à la fin des siècles. Alors, comme on peut le lire dans les saints Pères, tous les justes depuis Adam, « depuis le juste Abel jusqu'au dernier élu[2] » seront rassemblés auprès du Père dans l'Église universelle.

3.   Le Fils est donc venu, envoyé par le Père qui nous a choisis en lui, dès avant la création du monde, et nous a prédestinés à être ses enfants adoptifs parce qu'il lui a plu de tout réunir en lui (cf. Ép 1, 4-5 et 10). Ainsi le Christ, pour accomplir la volonté du Père a inauguré le Royaume des cieux sur la terre, nous a révélé le mystère du Père et par son obéissance il a réalisé la rédemption. L'Église, ou le Royaume du Christ déjà présent en mystère, croît visiblement dans le monde par la force de Dieu. Et ce commencement et cette croissance sont signifiés par le sang et l'eau qui sortent du côté

ouvert de Jésus crucifié (cf. Jn 19, 34), ils sont annoncés par les paroles du Seigneur au sujet de sa mort en croix: «Et moi, quand je serai élevé de terre, j'attirerai tout à moi» (Jn 12, 32 gr.). Chaque fois que le sacrifice de la Croix, par lequel «le Christ, notre Pâque, a été immolé» (1 Co 5, 7), est célébré sur l'autel, l'œuvre de notre rédempteur s'exerce. En même temps par le sacrement du pain eucharistique est représentée et produite l'unité des fidèles, qui constituent un seul Corps dans le Christ (cf. 1 Co 10, 17). Tous les hommes sont appelés à cette union avec le Christ, qui est la lumière du monde, de qui nous venons, par qui nous vivons, vers qui nous tendons.

4.   Après que fut accomplie l'œuvre que le Père avait donné au Fils à faire sur la terre (cf. Jn 17, 4), l'Esprit Saint fut envoyé, le jour de la Pentecôte, pour qu'il sanctifie l'Église de façon continue et qu'ainsi les croyants aient, par le Christ en un seul Esprit, accès au Père (cf. Ép. 2, 18). Il est l'Esprit de vie ou la source d'eau jaillissant jusqu'à la vie éternelle (cf. Jn 4, 14; 7, 38-39), par qui le Père vivi-fie les hommes morts par suite du péché jusqu'à ce qu'enfin il rende la vie dans le Christ à leurs corps mortels (cf. Rm 8, 10-11). L'Esprit habite dans l'Église et dans les cœurs des fidèles comme en un temple (cf. 1 Co 3, 16; 6, 19), et en eux il prie et rend témoignage de leur adoption filiale (cf. Ga 4, 6; Rm 8, 15-16 et 26). Lui qui introduit l'Église dans la vérité entière (cf. Jn 16, 13) et l'unifie dans la com-munion et le ministère, il l'instruit et la dirige par les dons divers d'ordre hiérarchique et d'ordre cha-rismatique, il l'orne de ses fruits (cf. Ép 4, 11-12; 1 Co 12, 4; Ga 5, 22). Par la force de l'évangile, il

rajeunit l'Église, il la rénove perpétuellement et la conduit enfin à l'union parfaite avec son Époux[3]. Car l'Esprit et l'Épouse disent au Seigneur Jésus «Viens!» (cf. Ap 22, 17). Ainsi l'Église universelle apparaît comme «un peuple unifié dans l'unité du Père et du Fils et de l'Esprit Saint[4]».

5. Le mystère de la Sainte Église se manifeste dans sa fondation. Le Seigneur Jésus, en effet, donna naissance à son Église en prêchant la bonne nouvelle, c'est-à-dire la venue du Royaume de Dieu promis depuis des siècles dans les Écritures: «Les temps sont accomplis, le Royaume de Dieu est proche» (Mc 1, 15; cf. Mt 4, 17). Et ce Royaume de Dieu apparaît aux hommes dans la parole, les œuvres et la présence du Christ. Oui, la parole du Seigneur est comparée au grain qui est semé dans un champ (Mc 4, 14): ceux qui l'écoutent avec foi et s'agrègent au petit troupeau du Christ (Lc 12, 32) ont accueilli le Royaume lui-même. Puis la semence, par sa propre force, germe et se développe jusqu'au temps de la moisson (cf. Mc 4, 26-29). Les miracles sont une preuve que le Royaume de Jésus est déjà advenu sur terre: «Si c'est par le doigt de Dieu que je chasse les démons, il est déjà venu à vous, le Royaume de Dieu» (Lc 11, 20; cf. Mt 12, 28). Mais, avant tout, le Royaume se manifeste dans la Personne même du Christ, Fils de Dieu et Fils de l'homme, qui est venu «pour servir et donner sa vie comme rançon d'un grand nombre» (Mc 10, 45).

Et quand Jésus, après avoir souffert la mort de la croix pour les hommes, fut ressuscité, il apparut établi Seigneur et Christ et Prêtre pour l'éternité (cf. Ac 2, 36; He 5, 6; 7, 17-21) et il répandit en ses disciples l'Esprit promis par le Père (cf. Ac 2,

33). Dès lors, l'Église pourvue des dons de son Fondateur, et suivant fidèlement ses préceptes de charité, d'humilité et d'abnégation, reçut la mission d'annoncer et d'instaurer le Royaume du Christ et de Dieu en toutes les nations et elle constitua le germe et le commencement de ce Royaume. En même temps, tandis qu'elle-même grandit petit à petit, elle aspire à l'accomplissement du Royaume, elle espère et souhaite de toutes ses forces d'être unie à son Roi dans la gloire.

6. Comme dans l'Ancien Testament la révélation du Royaume est souvent présentée sous des figures, de même maintenant encore c'est par diverses images que la nature intime de l'Église se fait connaître à nous, et ces images empruntées soit à la vie pastorale et au travail des champs, soit à la construction des édifices et même à la famille et aux noces, sont déjà préparées dans les livres des Prophètes.

En fait l'Église est le *bercail* dont la porte unique et nécessaire est le Christ (Jn 10, 1-10). Elle est aussi le troupeau, dont Dieu avait annoncé qu'il serait lui-même le Pasteur (cf. Is 40, 11; Ez 34, 11ss), et dont les brebis, même si elles sont guidées par des Pasteurs qui sont des hommes, ne cessent jamais cependant d'être conduites et nourries par le Christ lui-même, le bon Pasteur et le Prince des Pasteurs (cf. Jn 10, 11; 1 P 5, 4) qui a donné sa vie pour les brebis (cf. Jn 10, 11-15).

L'Église est la terre que Dieu cultive, ou son *champ* (1 Co 3, 9). Dans ce champ grandit l'antique olivier dont la racine saine fut constituée par les Patriarches et dans lequel s'est faite et se fera la réconciliation des Juifs et des Gentils (Rm 11, 13-26).

L'Église a été plantée par le céleste Cultivateur comme la vigne choisie (Mt 21, 33-43 par.; cf. Is 5, 1ss). Le Christ est la vraie vigne qui donne la vie et la fécondité aux sarments, c'est-à-dire à nous qui par l'Église demeurons en lui; et sans lui nous ne pouvons rien faire (Jn 15, 1-5).

Plus souvent encore l'Église est dite *l'édifice de Dieu* (1 Co 3, 9). Le Seigneur lui-même s'est comparé à la pierre que les bâtisseurs ont rejetée mais qui est devenue tête d'angle (Mt 21, 41 par.; cf. Ac 4, 11; 1 P 2, 7; Ps 117, 22). Sur ce fondement l'Église est construite par les Apôtres (cf. 1 Co 3, 11) et de lui elle reçoit fermeté et cohésion. Et cette construction est honorée d'appellations variées: Maison de Dieu (1 Tm 3, 15) dans laquelle habite sa *famille,* la demeure de Dieu dans l'esprit (Ép 2, 19-22), le tabernacle de Dieu avec les hommes (Ap 21, 3) et surtout le *temple* saint que les saints Pères voient représenté dans des sanctuaires de pierres, qu'ils exaltent et qui dans la liturgie est comparé non sans raison à la Cité sainte, à la nouvelle Jérusalem[5]. En elle, de fait, dès cette terre, comme des pierres vivantes nous entrons dans la construction. Et Jean contemple la Sainte Cité, lors de la rénovation du monde, descendant, du ciel, d'auprès de Dieu, « prête comme une fiancée toute parée pour son époux » (Ap 21, 10).

L'Église est même appelée « la Jérusalem d'en haut » et « notre mère » (Ga 4, 26; Ap 12, 17), elle est décrite comme l'*épouse* sans tache de l'Agneau sans tache (Ap 19, 7; 21, 2 et 9; 22, 17); cette épouse « le Christ l'a aimée et il s'est livré lui-même pour elle, afin de la sanctifier » (Ép 5, 26); il se l'est associée par un pacte indissoluble et sans cesse « il la nourrit et la soigne » (Ép 5, 29), et il a voulu, après l'avoir purifiée, qu'elle lui soit unie et soumise dans l'amour et la fidélité (cf. Ép 5, 24); il l'a comblée, enfin, pour toujours de dons célestes afin que nous puissions connaître la charité de Dieu et du Christ pour nous, charité qui dépasse toute connaissance (cf. Ép 3, 19). Mais, tandis que l'Église accomplit son pèlerinage sur terre, loin du Seigneur (cf. 2 Co 5, 6), elle se sent comme en exil si bien qu'elle recherche les choses d'en haut, qu'elle a du goût pour les choses d'en haut, là où le Christ est assis à la droite de Dieu, où sa vie reste cachée avec le Christ en Dieu jusqu'au jour où l'Église apparaîtra avec son Époux dans la gloire (cf. Col 3, 1-4).

7. Le Fils de Dieu, dans la nature humaine qui lui avait été unie, en remportant la victoire sur la mort par sa mort et sa résurrection, a racheté l'homme et l'a transformé pour en faire une nouvelle créature (cf. Ga 6, 15; 2 Co 5, 17). En communiquant son Esprit, en effet, il a établi ses frères, qu'il appelait d'entre toutes les nations, mystiquement comme son propre Corps.

Dans ce Corps la vie du Christ se diffuse à l'intime des croyants, qui sont eux-mêmes unis réellement, par le moyen des sacrements, au Christ souffrant et glorifié[6]. Par le baptême, en effet, nous sommes rendus conformes au Christ: «Oui, nous avons été baptisés dans un seul Esprit pour faire un seul Corps» (1 Co 12, 13). Par ce rite sacré l'union à la mort et à la résurrection du Christ est à la fois représentée et effectuée: «Par le baptême, en effet, nous avons été ensevelis avec lui dans la mort; et si «nous lui avons été greffés par une mort pareille à la sienne, de même le serons-nous par une résurrection pareille» (Rm 6, 4-5). Dans la fraction du pain eucharistique nous avons part réellement au corps du Seigneur et nous sommes élevés à la communion avec lui et entre nous. «Parce qu'il y a un seul pain, nous ne sommes qu'un Corps malgré notre grand nombre, attendu que tous nous recevons notre part de ce pain unique» (1 Co 10, 17). Ainsi tous nous devenons membres de ce Corps (cf. 1 Co 12, 27) «et respectivement membres les uns des autres» (Rm 12, 5).

Mais de même que tous les membres du corps humain, pour nombreux qu'ils soient, ne forment cependant qu'un corps, de même en est-il des fidèles dans le Christ (cf. 1 Co 12, 12). Dans la structure du Corps du Christ aussi, se vérifie la diversité des membres et des fonctions. Unique est l'Esprit, qui distribue ses dons à la mesure de sa richesse et suivant les besoins des ministères, pour l'utilité de l'Église (cf. 1 Co 12, 1-11). Parmi ces dons se distingue la grâce des Apôtres à l'autorité de qui l'Esprit lui-même soumet ceux qui ont reçu des charismes (cf. 1 Co 14). Le même Esprit, unifiant lui-même le Corps par sa propre force et au moyen de l'articulation interne des membres entre eux, produit et stimule la charité entre les fidèles. En conséquence, si un membre a quelque souffrance à supporter, tous les membres souffrent avec lui; ou si un membre est honoré, tous les membres partagent sa joie (cf. 1 Co 12, 26).

De ce Corps le Christ est le chef. Il est lui-même l'image de Dieu invisible, et en lui tout a été créé. Lui-même est avant tous les autres et toutes choses subsistent en lui. Il est le chef du Corps qu'est l'Église. Il est le principe, le premier-né d'entre les morts, de sorte qu'il a la prééminence en tout (cf. Col 1, 15-18). Par la grandeur de sa puissance il domine au-dessus des choses du ciel et de la terre, et par la suréminence de sa perfection et de son action il comble de richesses son Corps glorieux (cf. Ép 1, 18-23[7]).

Tous les membres doivent tendre à lui ressembler, jusqu'à ce que le Christ soit formé en eux (cf. Ga 4, 19). Et pour cela nous sommes pris dans les mystères de sa propre vie, rendus conformes à lui-même, morts et ressuscités avec lui, et cela en attendant de régner avec lui (cf. Ph 3, 21; 2 Tm 2, 11; Ép 2, 6; Col 2, 12; etc.). Encore en marche sur la terre, suivant ses traces dans les tribulations et la persécution, nous sommes associés à ses souffrances comme le Corps à son Chef, souffrant avec lui pour être glorifiés avec lui (cf. Rm 8, 17).

De lui «tout le Corps, desservi et uni par ses attaches et liens, tire son accroissement divin» (Col 2, 19). Lui-même, dans son Corps, c'est-à-dire l'Église, dispense sans cesse les dons des ministères, au moyen desquels, en vertu de lui, nous nous rendons les uns aux autres les services qui concourent au salut, afin que, agissant dans la charité conforme à la vérité, nous croissons sous tout rapport en lui qui est notre Chef (cf. Ép 4, 11-16 gr.).

Et afin que nous soyons continuellement renouvelés en lui (cf. Ép 4, 23), il nous a donné part à son Esprit, l'Esprit qui, étant unique et identique dans le Chef et dans les membres, vivifie, unifie, et meut tout le Corps de telle sorte que les saints Pères ont pu comparer son rôle à la fonction que le principe vital ou l'âme remplit dans le corps humain[8].

En outre le Christ aime l'Église comme son épouse, et il s'est fait l'exemple de l'homme qui aime sa femme comme son propre corps (cf. Ép 5,

25-28); et l'Église, de son côté, est soumise à son Chef (ibid. 23-24). « Parce qu'en lui et en son Corps réside la plénitude de la divinité » (Col 2, 9), il comble de ses dons divins l'Église qui est son Corps et son complément (cf. Ép 1, 22-23), afin qu'elle tende et atteigne à toute la plénitude de Dieu (cf. Ép 3, 19).

8. Unique Médiateur, le Christ a établi et maintient continuellement sur cette terre sa Sainte Église, communauté de foi, d'espérance et de charité, comme un organisme visible[9], à travers lequel il répand sur tous la vérité et la grâce. Mais, la société constituée d'organes hiérarchiques et le Corps mystique du Christ, le groupement visible et la communauté spirituelle, l'Église terrestre et l'Église dotée déjà des biens célestes, ne doivent pas être considérés comme deux entités, bien plutôt ils constituent une seule réalité complexe dans laquelle font corps un élément humain et un élément divin[10]. Ainsi, par une analogie qui n'a rien de faible, elle est comparable au mystère du Verbe incarné. Comme, en effet, la nature assumée par le Verbe divin lui sert d'instrument de salut, instrument vivant et indissolublement uni à lui-même, d'une façon qui n'est pas différente, l'organisme social de l'Église sert à l'Esprit du Christ qui la vivifie en vue de la croissance du Corps (cf. Ép 4, 16[11]).

C'est là l'unique Église du Christ, que, dans le Symbole, nous professons une, sainte, catholique et apostolique[12], que notre Sauveur, après sa résurrection remit à Pierre pour qu'il la paisse (Jn 21, 17); c'est elle qu'il chargea le même Pierre et les autres Apôtres de répandre et de guider (cf. Mt 28, 18ss) et qu'il établit pour toujours « colonne et soutien de la vérité » (1 Tm 3, 15). Cette Église, constituée et organisée en ce monde comme société, subsiste dans l'Église catholique, gouvernée par le successeur de Pierre et les évêques en communion avec lui[13], encore que, en dehors de son organisme, on trouve plusieurs éléments de sanctification et de vérité qui, en tant que dons propres à l'Église du Christ, tendent à l'unité catholique.

Comme le Christ a réalisé l'œuvre de la rédemption à travers la pauvreté et la persécution, ainsi l'Église est appelée à prendre la même voie pour communiquer aux hommes les fruits du salut. Le Christ Jésus, « possédant la nature divine... s'est anéanti lui-même en prenant la nature de l'esclave » (Ph 2, 6) et pour nous « s'est fait pauvre, de riche qu'il était » (2 Co 8, 9), ainsi l'Église, même si elle a besoin pour accomplir sa mission de ressources humaines, n'est pas constituée pour rechercher la gloire terrestre mais pour faire connaître, même par son exemple, ce qu'est l'humilité et l'abnégation. Le Christ a été envoyé par le Père « pour évangéliser les pauvres... guérir les cœurs brisés » (Lc 4, 18), chercher et sauver ce qui était perdu » (Lc 19, 10), de même l'Église entoure tous ceux qu'afflige l'infirmité humaine; bien plus elle reconnaît dans les pauvres et en ceux qui souffrent l'image de son Fondateur pauvre et souffrant, elle s'emploie à soulager leur détresse et veut servir le Christ en eux. Mais tandis que le Christ « saint, innocent, sans souillure » (He 7, 26) n'a pas connu le péché (2 Co 5, 21) mais est venu expier les péchés du peuple seulement (cf. He 2, 17), l'Église, parce qu'elle renferme en son sein les pécheurs, à la fois sainte et toujours à purifier, entretient sans cesse la pénitence et le renouvellement.

L'Église « va de l'avant, marchant parmi les persécutions du monde et les consolations de Dieu[14] », annonçant la croix et la mort du Seigneur, jusqu'à ce qu'il vienne (cf. 1 Co 2, 20). C'est par la force du Seigneur ressuscité qu'elle est fortifiée afin de vaincre par la patience et la charité ses peines et ses difficultés intérieures aussi bien qu'extérieures et de révéler au monde le mystère du Seigneur, de façon imparfaite sans doute mais fidèlement du moins, jusqu'à ce qu'il se manifeste à la fin dans sa pleine lumière.

Chapitre II

LE PEUPLE DE DIEU

9.   En tout temps et en toute nation celui qui craint Dieu et pratique la justice lui est agréable (cf. Ac 10, 35). Mais Dieu n'a pas voulu sanctifier et sauver les hommes individuellement et sans qu'il y ait de cohésion entre eux, mais bien faire d'eux un peuple qui le reconnaisse en vérité et le serve fidèlement. Il choisit donc pour lui-même le peuple israélite, conclut avec lui une alliance et l'instruisit graduellement en se manifestant lui-même et en faisant connaître sa volonté au cours de l'histoire de ce peuple et le sanctifiant pour lui. Tout cela cependant n'advint qu'en préparation et en figure de l'alliance nouvelle et parfaite qui devait se réaliser dans le Christ et de la révélation plus complète qu'allait apporter le Verbe même de Dieu fait homme. « Voici venir des jours — oracle du Seigneur — où je conclurai avec la maison d'Israël et la maison de Juda une alliance nouvelle... Je mettrai ma loi au fond de leur être et je l'écrirai sur le cœur. Alors je serai leur Dieu et eux seront mon peuple... Ils me connaîtront tous, des plus petits jusqu'aux plus grands — oracle du Seigneur » (Jr 31, 31-34). Puis le Christ institua ce nouveau pacte, c'est-à-dire la nouvelle alliance en son sang (cf. 1 Co 11, 25) en

appelant d'entre les juifs et les gentils une foule qui s'unirait non pas selon la chair mais en esprit afin de constituer le nouveau Peuple de Dieu. En effet ceux qui croient au Christ, engendrés de nouveau d'un germe non point corruptible, mais incorruptible par la parole du Dieu vivant (cf. 1 P 1, 23), non pas de la chair mais de l'eau et de l'Esprit Saint (cf. Jn 3, 5-6) constituent « une race élue, un sacerdoce royal, une nation sainte, un peuple acquis... eux, qui jadis n'étaient même pas un peuple, et maintenant sont le Peuple de Dieu » (1 P 2, 9-10).

Ce peuple messianique a pour chef le Christ « qui a été livré pour nos fautes et ressuscité pour notre sanctification » (Rm 4, 25) et qui, maintenant, après s'être acquis un nom qui est au-dessus de tout autre nom, règne glorieusement dans les cieux. Il a pour condition la dignité et la liberté des fils de Dieu, dans le cœur desquels l'Esprit Saint demeure comme dans un temple. Il a pour loi un commandement nouveau, celui d'aimer comme le Christ lui-même nous a aimés (cf. Jn 13, 34). Il a finalement pour but le Royaume de Dieu, commencé sur terre par Dieu lui-même pour s'agrandir ultérieurement et être porté par lui à son accomplissement total à la fin des siècles, lorsque le Christ se manifestera, lui qui est notre vie (cf. Col 3, 4), et que « les créatures elles-mêmes seront libérées de la servitude de la corruption pour participer à la glorieuse liberté des enfants de Dieu » (Rm 8, 21). C'est pourquoi ce Peuple messianique, bien qu'il ne comprenne pas en réalité tous les hommes et n'apparaisse parfois que comme un petit troupeau, n'en représente pas moins pour toute l'humanité un germe très fort d'unité, d'espérance et de salut. Constitué par le Christ en communion de vie, de charité et de vérité,

il est appelé par lui à être l'instrument de la rédemption de tous et il est envoyé au monde entier
comme lumière du monde et sel de la terre (cf. Mt 5,
13-16).

De même que l'Israël selon la chair, cheminant
dans le désert, est déjà appelé Église de Dieu (Ne
13, 1; cf. Nb 20, 4; Dt 23, 1 et ss) de même le nouvel Israël de l'ère actuelle qui marche en quête
de la cité future et permanente (cf. He 13, 14), s'appelle également Église du Christ (cf. Mt 16, 18), et
lui-même l'a acquise au prix de son sang (cf. Ac 20,
28), remplie de son Esprit et pourvue de moyens
aptes à procurer l'union visible et sociale. Dieu a
convoqué la communauté de ceux qui regardent
avec foi Jésus, auteur du salut et principe d'unité
et de paix, et en a fait l'Église, afin qu'elle soit pour
tous et pour chacun le sacrement visible de cette
unité salvifique[1]. Celle-ci devant s'étendre à toute
la terre, entre dans l'histoire des hommes et en
même temps transcende le temps et les limites des
peuples. Au milieu des tentations et des tribulations
qu'elle rencontre, elle est soutenue, dans sa marche, par la force de la grâce de Dieu à elle promise
par le Seigneur, afin que, dans la condition de l'humaine faiblesse, elle ne cesse pas d'être parfaitement fidèle, mais demeure la digne épouse de son
Seigneur et se renouvelle elle-même sans cesse sous
l'action de l'Esprit Saint, jusqu'à ce que, par la
croix, elle parvienne à la lumière qui ne connaît pas
de déclin.

10.   Le Christ Seigneur, Pontife pris d'entre les
hommes (cf. He 5, 1-5), fit du nouveau peuple « un
royaume, des prêtres pour Dieu son Père » (Ap 1, 6;
5, 9-10). En effet, par la régénération et l'onction de

l'Esprit Saint, les baptisés sont consacrés pour être une maison spirituelle et un sacerdoce saint, en vue d'offrir des sacrifices spirituels, moyennant toutes les œuvres du chrétien, et d'annoncer les louanges de celui qui les a appelés des ténèbres à son admirable lumière (cf. 1 P 2, 4-10). Que tous les disciples du Christ, en persévérant dans la prière et en louant Dieu ensemble (cf. Ac 2, 42-47), s'offrent donc eux-mêmes comme une hostie vivante, sainte, agréable à Dieu (cf. Rm 12, 1), rendent partout témoignage au Christ et, à qui le demande, rendent raison de l'espérance de la vie éternelle qui est en eux (cf. 1 P 3, 15).

Le sacerdoce commun des fidèles et le sacerdoce ministériel ou hiérarchique, bien qu'ils diffèrent par l'essence et non pas seulement en degrés, sont cependant ordonnés l'un à l'autre puisque l'un comme l'autre, chacun à sa façon, participent de l'unique sacerdoce du Christ[2]. Le sacerdoce ministériel, avec le pouvoir sacré dont il est investi, forme et régit le peuple sacerdotal, accomplit le sacrifice eucharistique en représentant du Christ et l'offre à Dieu au nom de tout le peuple; les fidèles, en vertu de leur sacerdoce royal, concourent à l'oblation de l'eucharistie[3] et exercent ce sacerdoce par la réception des sacrements, la prière et l'action de grâces, par le témoignage d'une vie sainte, par l'abnégation et la charité active.

11.   La nature sacrée et organique de la communauté sacerdotale est concrétisée dans les sacrements et les vertus. Les fidèles, incorporés dans l'Église par le baptême, sont voués par le caractère à célébrer le culte de la religion chrétienne, et après avoir été régénérés pour être enfants de Dieu, ils

sont tenus à professer publiquement la foi, reçue de Dieu par le canal de l'Église[4]. Le sacrement de confirmation les unit plus complètement à l'Église, l'Esprit Saint les enrichit d'une force spéciale; et de cette manière ils sont obligés plus strictement de répandre et de défendre la foi, par la parole et les œuvres comme de véritables témoins du Christ[5]. En participant au sacrifice eucharistique, source et sommet de toute la vie chrétienne, ils offrent à Dieu la divine Victime et eux-mêmes avec elle[6]. Ainsi tous, aussi bien par l'onction que par la sainte communion, jouent leur propre rôle dans l'action liturgique, non pas indistinctement, mais les uns d'une manière, les autres d'une manière différente. De plus, en se nourrissant du corps du Christ dans la sainte communion, ils manifestent concrètement l'unité du Peuple de Dieu qui, dans ce sublime sacrement, est adéquatement signifiée et merveilleusement réalisée.

Ceux qui s'approchent du sacrement de pénitence reçoivent de la miséricorde de Dieu le pardon des offenses qu'ils lui ont faites et en même temps ils se réconcilient avec l'Église, à qui ils ont infligé une blessure par le péché et qui coopère à leur conversion par la charité, l'exemple et la prière. Par l'onction sacrée des malades et la prière des prêtres, toute l'Église recommande les malades au Seigneur, souffrant et glorifié, afin qu'il adoucisse leurs peines et les sauve (cf. Jc 5, 14-16), et même elle les exhorte à s'unir spontanément à la passion et à la mort du Christ (cf. Rm 8, 17; Col 1, 24; 2 Tm 2, 11-12, 1 P 4, 13), pour contribuer ainsi au bien du Peuple de Dieu. En outre, ceux des fidèles qui sont revêtus de l'ordre sacré sont constitués au nom du Christ pour paître l'Église par la parole et la grâce de Dieu. Et enfin les époux chrétiens, en vertu du sacrement de mariage par lequel ils expriment, en y participant, le mystère d'unité et d'amour fécond entre le Christ et l'Église (cf. Ép 5, 32), s'aident réciproquement afin de parvenir à la sainteté dans la vie conjugale et dans l'acceptation et l'éducation des enfants et ils ont ainsi, dans leur état de vie et dans leur fonction, un don qui leur est propre au sein du Peuple de Dieu (cf. 1 Co 7, 7[7]). De cette union, en effet, procède la famille, dans laquelle naissent les nouveaux citoyens de la société humaine qui, par la grâce de l'Esprit Saint, en vue de perpétuer le Peuple de Dieu à travers les siècles, deviennent par le baptême enfants de Dieu. Dans ce qu'on pourrait appeler l'Église domestique, les parents doivent par la parole et par l'exemple être les premiers à faire connaître la foi à leurs enfants et ils doivent cultiver la vocation de chacun d'entre eux, spécialement la sainte vocation.

Munis de tant de moyens de salut si admirables, les fidèles, quel que soit leur état et leur condition, sont appelés par le Seigneur, chacun en suivant sa voie personnelle, à la perfection de cette sainteté dont le Père est parfait.

12. Le Peuple saint de Dieu participe également au don prophétique du Christ en portant partout le vivant témoignage du Christ, surtout par une vie de foi et de charité et en offrant à Dieu un sacrifice de louange, c'est-à-dire le fruit de lèvres qui confessent son nom (cf. He 13, 15). L'universalité des fidèles qui ont reçu l'onction de l'Esprit Saint (cf. 1 Jn 2, 20 et 27) ne peut pas se tromper en croyant, et elle manifeste cette propriété particulière qui est sienne au moyen du sens surnaturel de la foi, com-

mun à tout le peuple, lorsque «depuis les évêques jusqu'au dernier des fidèles laïcs [8] », elle fait voir son accord universel dans les domaines de la foi et de la morale. Et, en vérité, c'est dans ce sens de la foi, suscité et soutenu par l'Esprit de vérité que le Peuple de Dieu, sous la conduite du magistère sacré auquel il se soumet fidèlement, accueille non pas la parole des hommes mais, ce qu'elle est réellement, la parole de Dieu (cf. 1 Th 2, 13), qu'il adhère indéfectiblement à la foi, qui fut définitivement transmise aux saints (cf. Jude 3), qu'il pénètre en elle judicieusement et plus à fond et l'applique plus pleinement dans la vie.

En outre, non seulement l'Esprit Saint sanctifie le Peuple de Dieu, le conduit et l'orne de vertus par l'intermédiaire des sacrements et des mystères mais, «en distribuant à chacun ses dons comme il lui plaît» (1 Co 12, 11), il dispense également parmi les fidèles de tout ordre des grâces spéciales, qui les rendent aptes et prêts à assumer des activités et des services divers, utiles au renouvellement et à l'expansion plus ample de l'Église, suivant ces paroles: «À chacun la manifestation de l'Esprit est donnée en vue du bien commun» (1 Co 12, 7). Et comme ces charismes, extraordinaires ou plus simples et plus communs, sont ordonnés et adaptés d'abord aux besoins de l'Église, ils doivent être accueillis avec gratitude et soulagement. Cependant, il ne faut pas demander imprudemment les dons extraordinaires pas plus qu'il ne faut en espérer présomptueusement les fruits des travaux apostoliques. Mais c'est à l'autorité ecclésiastique qu'il appartient spécialement de ne pas éteindre l'Esprit, mais de tout examiner et de retenir ce qui est bon (cf. 1 Th 5, 19-21).

13. Tous les hommes sont appelés à former le nouveau Peuple de Dieu. En conséquence, ce peuple doit, sans cesser d'être un et unique, s'étendre au monde entier et en tous les siècles afin que s'accomplisse le dessein de Dieu, qui au commencement créa la nature humaine une et voulut ensuite rassembler en un peuple ses enfants qui avaient été dispersés (cf. Jn 11, 52). À cette fin, Dieu envoya son Fils qu'il constitua héritier universel (cf. Hé 1, 2) de telle sorte qu'il soit Maître, Roi et Prêtre de tous, Chef du peuple nouveau et universel des fils de Dieu. À cette fin aussi Dieu envoya l'Esprit de son Fils, Seigneur et Vivificateur, qui est, pour toute l'Église, pour chacun des croyants et pour tous les croyants, le principe du rassemblement et de l'unité dans l'enseignement des Apôtres, dans l'union, dans la fraction du pain et les prières (cf. Ac 2, 42, gr.).

En toutes les nations de la terre l'unique Peuple de Dieu est implanté, puisque c'est de toutes les nations qu'il tire ses membres, les citoyens d'un Royaume dont le caractère n'est pas terrestre, mais bien céleste. De fait, tous les fidèles épars à travers le monde sont en communion les uns avec les autres dans l'Esprit Saint, et ainsi «celui qui habite à Rome, sait que les Indiens sont ses membres[9]». Mais comme le Royaume du Christ n'est pas de ce monde (cf. Jn 18, 36), l'Église ou le Peuple de Dieu, en introduisant ce Royaume, n'enlève rien au bien temporel des peuples, quels qu'ils soient, mais, au contraire, favorise et assume les facultés, les richesses, les coutumes des peuples, en tout ce qu'elles ont de bon et, les assumant, les purifie, les renforce et les élève. Elle sait, en effet, qu'il lui faut rassembler avec ce Roi à qui les nations ont été données en héritage (cf. Ps 2, 8) et de qui la ville verra affluer leurs dons et leurs offrandes (cf. Ps 71 [72], 10; Is 60, 4-7; Ap 21, 24). Ce caractère d'universalité qui distingue le Peuple de Dieu est un don du Seigneur lui-même qui porte l'Église catholique à s'employer efficacement et sans arrêt à recentrer toute l'humanité et la totalité de ses biens dans le Christ Chef, en l'unité de son Esprit [10].

En vertu de cette catholicité chaque élément apporte aux autres ses propres dons de telle sorte que l'ensemble aussi bien que chaque élément se trouvent accrus de cette communication mutuelle et sans restriction et de cette convergence qui tend à la plénitude dans l'unité. En conséquence, non seulement le Peuple de Dieu se rassemble à partir des divers peuples, mais encore il est composé en lui-même de catégories différentes. Il existe, en effet, entre ses membres une diversité, soit dans les charges: certains membres remplissant un ministère en vue du bien de leurs frères, soit encore dans la condition et l'organisation de leur existence: un certain nombre tendant à la sainteté par une voie plus stricte, à l'intérieur du statut de la vie religieuse, et stimulant leurs frères par leur exemple. D'où vient aussi qu'existent légitimement dans la communion ecclésiastique des Églises particulières qui jouissent de traditions propres, demeurant sauf le primat de la Chaire de Pierre qui préside à toute l'assemblée de la charité [11], qui protège les légitimes éléments de diversité et, dans le même temps, veille à ce que les particularités ne nuisent point à l'unité mais bien plutôt la servent. Et enfin de là découle l'existence entre les différentes parties de l'Église des liens d'une union intime, soit en ce qui concerne les biens spirituels, les ouvriers apostoliques, ou les ressources matérielles. Oui, les membres du Peuple de Dieu sont appelés à se donner les uns aux autres de leurs biens et même il faut appliquer à chacune des Églises ces paroles de l'Apôtre: «Que chacun mette au service des autres les dons qu'il a reçus, comme de bons dispensateurs de la grâce divine qui est si variée» (1 P 4, 10).

Tous les hommes sont donc appelés à cette unité catholique du Peuple de Dieu, unité qui annonce et promet la paix universelle; et à cette même unité appartiennent ou sont ordonnés soit les fidèles catholiques, soit les autres qui ont foi dans le Christ, soit enfin tous, absolument tous les hommes, appelés au salut par la grâce de Dieu.

14.   Le Saint Concile porte sa pensée d'abord vers les fidèles catholiques. Il enseigne, en s'appuyant sur la Sainte Écriture et la Tradition, que cette Église voyageuse est nécessaire au salut. Car le Christ qui est seul Médiateur et Voie du salut se rend présent pour nous dans son Corps qui est l'Église. Le Christ lui-même enseignant expressément la nécessité de la foi et du baptême (cf. Mc 16, 16; Jn 3, 5) a, en même temps, affirmé la nécessité de l'Église, dans laquelle on est introduit par le baptême comme par la porte. Aussi ne pourraient pas être sauvés les hommes qui, sans ignorer que l'Église catholique a été établie par Dieu comme nécessaire, refuseraient cependant d'y entrer ou de demeurer en elle.

Sont pleinement incorporés à la société de l'Église ceux qui, possédant l'Esprit du Christ, acceptent toute son organisation et tous les moyens de salut établis en elle et sont, par les liens de la profession de foi, des sacrements, de la direction ecclésiastique et de la communion, unis dans l'organisme visible de cette Église, avec le Christ, qui la régit par le Souverain Pontife et les évêques. D'autre part, n'est pas sauvé, même s'il est incorporé à l'Église, celui qui faute de persévérer dans la charité demeure dans le sein de l'Église «de corps», mais non de «cœur[12]». Au surplus, tous les fils de l'Église se rappelleront qu'ils ne doivent pas attribuer leur condition privilégiée à leurs propres mérites, mais à une grâce spéciale du Christ; et que, s'ils n'y correspondent pas dans leurs pensées, leurs paroles et leurs actes, bien loin d'être sauvés, ils seront jugés plus sévèrement[13].

Les catéchumènes qui, sous la motion de l'Esprit Saint désirent et veulent expressément être incorporés à l'Église, lui sont unis par ce désir même, et la Mère Église les entoure comme siens déjà de son amour et de ses soins.

15. Avec ceux qui, baptisés, sont marqués du nom chrétien, mais ne professent pas intégralement la foi ou ne conservent pas l'unité de la communion avec le successeur de Pierre, l'Église se sait unie pour de multiples raisons[14]. Beaucoup, en effet, tiennent en honneur la Sainte Écriture comme la norme de foi et de conduite, ils manifestent aussi un authentique zèle religieux, croient tendrement en Dieu le Père tout-puissant et en le Christ, Fils de Dieu Sauveur[15], sont marqués par le baptême, grâce auquel ils sont unis au Christ et, en outre, reconnaissent et acceptent d'autres sacrements dans leurs propres Églises ou communautés. Beaucoup, parmi eux, ont même l'épiscopat, célèbrent la Sainte Eucharistie et cultivent la dévotion envers la Vierge Mère de Dieu[16]. À cela s'ajoute la communion des prières et d'autres bienfaits spirituels;

et même une certaine union réelle dans l'Esprit Saint, car il agit même en eux par ses dons et ses grâces avec sa force de sanctification, et a donné à certains d'entre eux une vertu qui alla jusqu'à l'effusion de leur sang. Ainsi l'Esprit suscite en tous les disciples du Christ le désir et l'activité afin que tous s'unissent pacifiquement, de la manière que le Christ a fixée, en un seul troupeau sous un seul Pasteur[17]. Et pour l'obtenir, la Mère Église ne cesse pas de prier, d'espérer et d'agir, elle exhorte ses fils à se purifier et à se renouveler, afin que l'image du Christ resplendisse plus nette sur le visage de l'Église.

16.   Enfin, ceux qui n'ont pas encore reçu l'évangile sont ordonnés de façons diverses au Peuple de Dieu[18]. Et d'abord, le peuple qui reçut les alliances et les promesses et dont le Christ est né selon la chair (cf. Rm 9, 45); peuple, selon l'élection, très aimé en raison de ses pères, car les dons et la vocation de Dieu sont sans repentance (Rm 11, 28-29). Mais le dessein de salut englobe aussi ceux qui reconnaissent le Créateur, et parmi eux, en premier lieu, les Musulmans qui, en déclarant qu'ils gardent la foi d'Abraham, adorent avec nous le Dieu unique, miséricordieux, qui jugera les hommes au dernier jour. Quant à ceux qui cherchent le Dieu inconnu dans les ombres et images, Dieu lui-même n'est pas loin d'eux non plus, puisqu'il donne à tous la vie, le souffle et toutes choses (cf. Ac 17, 25-28), et que le Sauveur veut que tous les hommes soient sauvés (cf. 1 Tm 2, 4). En effet ceux qui ignorent, sans faute de leur part, l'évangile du Christ et son Église et cherchent Dieu, cependant, d'un cœur sincère et, sous l'influence de la grâce, s'efforcent d'ac-

complir dans leurs actes sa volonté qu'ils connaissent par les injonctions de leur conscience, ceux-là aussi peuvent obtenir le salut éternel[19]. Et la divine Providence ne refuse pas les secours nécessaires au salut à ceux qui ne sont pas encore parvenus, sans que ce soit de leur faute, jusqu'à la connaissance claire de Dieu et s'efforcent, non sans une grâce divine, de mener une vie droite. En effet, tout ce que l'on trouve chez eux de bon et de vrai, l'Église le considère comme une préparation à accueillir l'évangile[20] et un don de celui qui éclaire tout homme, pour qu'il obtienne finalement la vie. Mais bien souvent, les hommes trompés par le Malin se sont abandonnés à la vanité de leurs pensées et ont changé la vérité divine en mensonge, servant la créature à la place du Créateur (cf. Rm 1, 21 et 25); ou vivant et mourant sans Dieu en ce monde, ils sont exposés à la damnation éternelle. Aussi en vue de promouvoir la gloire de Dieu et le salut de tous les hommes, l'Église se souvenant du commandement du Seigneur qui dit: «Prêchez l'évangile à toute créature» s'emploie avec sollicitude à développer les missions.

17. En effet, comme le Fils a été envoyé par le Père, lui-même aussi a envoyé les Apôtres (cf. Jn 20, 21), disant: «Allez donc enseigner toutes les nations, les baptisant au nom du Père et du Fils et du Saint Esprit, leur apprenant à garder tout ce que je vous ai commandé. Et voici que je suis avec vous jusqu'à la consommation du siècle» (Mt 28, 18-20). Et ce solennel commandement d'annoncer la vérité qui sauve, l'Église l'a reçu des Apôtres pour qu'elle l'accomplisse jusqu'aux extrémités de la terre (cf. Ac 1, 8). Dès lors, elle fait siennes les paroles de

l'Apôtre: « Malheur... à moi, si je n'évangélise pas » (1 Co 9, 16) et elle continue sans répit à envoyer des missionnaires tant que les nouvelles Églises ne sont pas pleinement établies et que ces dernières continuent, à leur tour, l'œuvre de l'évangélisation. C'est l'Esprit Saint qui la pousse à coopérer à ce que le dessein de Dieu, qui a établi le Christ comme prince de salut pour le monde entier, se réalise avec son plein effet. Prêchant l'évangile, l'Église attire ceux qui l'écoutent à la foi et la profession de cette foi, elle les dispose au baptême, les arrache à l'esclavage de l'erreur et les incorpore au Christ afin que par la charité ils croissent en lui jusqu'à la plénitude. Par son activité elle fait en sorte que tout ce qui se trouve avoir été semé de bien dans le cœur et la pensée des hommes ou dans leurs rites et cultures propres, que tout cela soit non seulement sauvegardé, mais purifié, élevé et développé à la perfection pour la gloire de Dieu, la confusion du démon et le bonheur de l'homme. À chacun des disciples du Christ incombe, pour sa part, la charge de jeter la semence de la foi[21]. Mais si tout homme peut baptiser ceux qui croient, il appartient au prêtre de parfaire l'édification du Corps par le sacrifice eucharistique, réalisant ce que Dieu a dit par le prophète: « Du levant au couchant mon nom est grand parmi les nations et en tout lieu un sacrifice et une oblation pure sont offerts à mon nom » (Ml 1, 11[22]).

Et ainsi tout à la fois l'Église prie et travaille pour que la totalité du monde devienne le Peuple de Dieu et soit transformée en Temple de l'Esprit Saint, et que dans le Christ, Chef de tous les êtres, tout honneur et toute gloire soient rendus au Créateur et Père de tous.

Chapitre III

LA CONSTITUTION HIÉRARCHIQUE DE L'ÉGLISE ET, EN PARTICULIER, L'ÉPISCOPAT

18.   Le Christ Seigneur, pour paître et accroître toujours davantage le Peuple de Dieu, a établi dans son Église divers ministères qui tendent au bien de tout le Corps. En effet, les ministres, qui sont revêtus d'un pouvoir sacré, servent leurs frères afin que tous ceux qui appartiennent au Peuple de Dieu et qui par conséquent ont une vraie dignité chrétienne tendent librement et de façon ordonnée vers le même but et parviennent au salut.

Ce Saint Synode, à l'exemple du Concile Vatican I, enseigne avec lui et déclare que Jésus Christ, pasteur éternel, a édifié la Sainte Église en envoyant les Apôtres comme lui-même avait été envoyé par le Père (cf. Jn 20, 21), et a voulu que leurs successeurs, c'est-à-dire les évêques, fussent dans son Église pasteurs jusqu'à la fin des siècles. Et afin que l'épiscopat lui-même fût un et indivisible, il a mis à la tête des autres Apôtres le bienheureux Pierre et il a établi en lui le principe et le fondement, perpétuel et visible, de l'unité de la foi et de la communion[1]. Cette doctrine de l'institution, de la perpétuité, de la valeur et de la raison de la sacrée

Primauté du Pontife Romain et de son infaillible magistère, le Saint Concile la propose de nouveau à tous les fidèles pour qu'elle soit crue fermement, et poursuivant dans le même dessein, il a établi de professer et déclarer publiquement la doctrine sur les évêques, successeurs des Apôtres, lesquels avec le successeur de Pierre, vicaire du Christ[2] et chef visible de toute l'Église, gouvernent la maison du Dieu vivant.

19.   Le Seigneur Jésus, après avoir prié le Père, appela à lui ceux qu'il voulut et en nomma douze pour qu'ils restassent avec lui et qu'il les envoyât prêcher le Royaume de Dieu (cf. Mc 3, 13-19; Mt 10, 1-42); et ces apôtres (cf. Lc 6, 13), il les constitua en forme de collège ou corps stable à la tête duquel il mit Pierre, choisi parmi eux (cf. Jn 21, 15-17). Il les envoya d'abord aux fils d'Israël et puis à toutes les nations (cf. Rm 1, 16) afin que, participant de son autorité, ils fassent de tous les peuples ses disciples, les sanctifient et les gouvernent (cf. Mt 28, 16-20; Mc 16, 15: Lc 24, 45-48; Jn 20, 21-23), et ainsi propagent l'Église et, sous la conduite du Seigneur, en soient les ministres et les pasteurs, tous les jours jusqu'à la fin du monde (cf. Mt 28, 20). Et ils furent pleinement confirmés dans cette mission le jour de la Pentecôte (cf. Ac 2, 1-26) selon la promesse du Seigneur: «Mais vous recevrez une force, celle du Saint-Esprit, qui viendra sur vous, et vous serez mes témoins à Jérusalem, dans toute la Judée et la Samarie, et jusqu'aux extrémités de la terre» (Ac 1, 8). Les Apôtres donc, prêchant partout l'évangile (cf. Mc 16, 20), accueilli par les auditeurs sous la motion du Saint-Esprit, rassemblent l'Église universelle que le Seigneur a fondée dans les Apôtres

et qu'il a édifiée sur le bienheureux Pierre, leur chef, Jésus Christ étant lui-même la suprême pierre angulaire (cf. Ap 21, 14; Mt 16, 18; Ép 2, 20[3]).

20.   La mission divine confiée par le Christ aux Apôtres durera jusqu'à la fin des siècles (cf. Mt 28, 20), puisque l'évangile qu'ils doivent prêcher est pour l'Église le principe de toute sa vie en tout temps. Pour cela les Apôtres, dans cette société organisée hiérarchiquement, eurent soin de se donner des successeurs.

En effet, non seulement ils eurent divers collaborateurs dans leur ministère[4], mais pour que la mission qui leur avait été confiée pût continuer après leur mort, ils laissèrent pour ainsi dire en testament à leurs collaborateurs immédiats la charge de compléter et de consolider l'œuvre commencée par eux[5], en leur recommandant de veiller sur tout le troupeau au milieu duquel le Saint-Esprit les avait placés pour paître l'Église de Dieu (cf. Ac 20, 28). Pour cela ils choisirent ces hommes et prirent ensuite des dispositions pour que, après leur mort, d'autres hommes valables occupassent leurs postes[6]. Parmi les divers ministères qui dès les premiers temps fonctionnent dans l'Église, selon le témoignage de la tradition, occupe la première place l'office de ceux qui, constitués dans l'épiscopat, par une succession ininterrompue depuis l'origine[7], possèdent le rameau de la semence apostolique[8]. Ainsi, comme l'atteste saint Irénée, par l'intermédiaire de ceux que les Apôtres consacrèrent évêques et de leurs successeurs jusqu'à nous, la tradition apostolique est manifestée[9] et conservée[10] dans tout le monde.

Les évêques donc assumèrent le service de la

communauté avec leurs collaborateurs, prêtres et diacres[11], présidant à la place de Dieu le troupeau[12] dont ils sont pasteurs, en tant que maîtres de doctrine, prêtres du culte sacré, ministres du gouvernement de l'Église[13]. De même donc que se perpétue la mission concédée en particulier par le Seigneur à Pierre, le premier des Apôtres, mission qui devait se transmettre à ses successeurs, ainsi se perpétue également la charge qu'avaient les apôtres de paître l'Église, charge qui doit s'exercer perpétuellement par l'ordre consacré des évêques[14]. Pour cette raison le Saint Concile enseigne que les évêques par l'institution divine ont succédé au poste des Apôtres[15], en tant que Pasteurs de l'Église, et que quiconque les écoute, écoute le Christ, quiconque les méprise, méprise le Christ et celui qui a envoyé le Christ (cf. Lc 10, 16[16]).

21.　En la personne donc des évêques assistés par les prêtres, est présent parmi les croyants le Seigneur Jésus Christ, Pontife suprême. Assis en effet à la droite du Père, il ne cesse pas d'être présent au sein de la communauté de ses pontifes[17], mais d'abord par l'intermédiaire de leur auguste ministère il prêche la parole de Dieu à toutes les nations et il administre continuellement aux croyants les sacrements de la foi; par leur office paternel (cf. 1 Co 4, 15) il incorpore de nouveaux membres à son Corps au moyen de la régénération surnaturelle; et enfin, avec leur sagesse et leur prudence, il dirige et prépare le Peuple du Nouveau Testament dans sa marche vers l'éternelle béatitude. Ces pasteurs, élus pour paître le troupeau du Seigneur, sont les ministres du Christ et les dispensateurs des mystères de Dieu (cf. 1 Co 4, 1), auxquels ont été confiés le témoignage à rendre à l'évangile de la grâce de Dieu (cf. Rm 15, 16; Ac 20, 24) et le glorieux ministère de l'Esprit et de la justice (cf. 2 Co 3, 8-9).

Pour accomplir d'aussi grandes charges, les Apôtres ont été remplis par le Christ d'une effusion spéciale du Saint-Esprit qui descendit sur eux (cf. Ac 1, 8; 2, 4; Jn 20, 22-23), et eux-mêmes par l'imposition des mains conférèrent ce don spirituel à leurs collaborateurs (cf. 1 Tm 4, 14; 2 Tm 1, 6-7), don qui a été transmis jusqu'à nous dans la consécration épiscopale[18]. Le Saint Concile enseigne par conséquent que par la consécration épiscopale est conférée la plénitude du sacrement de l'ordre, c'est-à-dire celle qui par la coutume liturgique de l'Église et par la voix des saints Pères est appelée sacerdoce suprême, comme du ministère sacré[19]. La consécration épiscopale confère aussi, avec la charge de sanctifier, celles de l'enseignement et du gouvernement, lesquelles cependant, de par leur nature, ne peuvent être exercées que dans la communion hiérarchique avec le chef et avec les membres du Collège[20]. De la Tradition en effet, telle qu'elle résulte spécialement des rites liturgiques et des usages de l'Église tant d'Orient que d'Occident, il ressort clairement que par l'imposition des mains et par les paroles de la consécration la grâce de l'Esprit Saint est conférée, et le caractère sacré imprimé[21], de telle sorte que les évêques, de façon éminente et visible, remplissent le rôle du Christ en personne, Maître, Pasteur et Pontife, et agissent à sa place[22]. Il appartient aux évêques d'incorporer, par le sacrement de l'ordre, les nouveaux élus dans le Corps épiscopal.

22. De même que saint Pierre et les autres Apôtres constituent, par ordre du Seigneur, un seul Collège apostolique, de façon semblable le Pontife Romain, successeur de Pierre, et les évêques, successeurs des Apôtres, sont unis entre eux. Déjà la discipline très ancienne, dans laquelle les évêques du monde entier communiaient entre eux et avec l'évêque de Rome dans le lien de l'unité, de la charité et de la paix[23], et les conciles rassemblés[24], pour décider en commun même les points de grande importance[25], en assurant la valeur de la décision par l'avis de plusieurs, indiquent le caractère et la nature collégiale de l'ordre épiscopal que, de toute évidence confirment également les Conciles œcuméniques réunis au cours des siècles. C'est à cette même nature que se rattache l'usage adopté très tôt de convoquer plusieurs évêques pour participer à l'élévation du nouvel élu au ministère du sacerdoce suprême[26]. On est constitué membre du Corps épiscopal en vertu de la consécration sacrementelle et par la communion hiérarchique avec le chef du Collège et avec les membres.

Le Collège ou Corps épiscopal n'a cependant l'autorité que s'il est conçu en union avec le Pontife Romain, successeur de Pierre, en tant que son chef, lequel conserve intégralement son pouvoir de primauté sur tous, tant Pasteurs que fidèles. En effet, le Pontife Romain, en vertu de son office qui est celui de vicaire du Christ et Pasteur de toute l'Église, a sur celle-ci un pouvoir plein, suprême et universel, qu'il peut toujours exercer librement. D'autre part, l'ordre des évêques, lequel succède au Collège des Apôtres dans le magistère et le gouvernement pastoral, bien plus, cet ordre, dans lequel se perpétue le corps apostolique, en union avec son chef le Pontife Romain, et jamais sans ce chef, est également sujet du suprême et plein pouvoir sur toute l'Église[27], bien que ce pouvoir ne puisse être exercé sans le consentement du Pontife Romain.

Le Seigneur a posé seul Simon comme pierre et «porte-clés» de l'Église (cf. Mt 16, 18-19), et l'a nommé Pasteur de tout son troupeau (cf. Jn 21, 15 ss); mais l'office de lier et de délier, qui a été concédé à Pierre (Mt 16, 19), a été, c'est clair, donné aussi au Collège des Apôtres uni à son Chef (cf. Mt 18, 18; 28, 16-20[28]). Ce Collège, en tant qu'il est composé de plusieurs, exprime la variété et l'universalité du Peuple de Dieu et, en tant qu'il est rassemblé sous un seul chef, il signifie l'unité du troupeau du Christ. Dans ce troupeau les évêques, tout en respectant fidèlement la primauté et la prééminence de leur chef, exercent leur propre pouvoir pour le bien de leurs fidèles, bien plus de toute l'Église, tandis que le Saint-Esprit en consolide constamment la structure organique et la concorde. Le pouvoir suprême que possède ce Collège sur toute l'Église s'exerce de façon éclatante dans le Concile œcuménique. Jamais il ne peut y avoir Concile œcuménique sans qu'il ait été confirmé ou du moins accepté comme tel par le successeur de Pierre; et c'est une prérogative du Pontife Romain de convoquer ces conciles, de les présider et de les confirmer[29]. Ce même pouvoir collégial en union avec le pape peut être exercé par les évêques répandus en tous les points du monde, à condition que le chef du Collège les appelle à une action collégiale ou du moins approuve ou accepte librement l'action conjointe des évêques dispersés, de façon à ce qu'elle constitue un véritable acte collégial.

23. L'union collégiale apparaît aussi dans les relations réciproques de chaque évêque avec des Églises particulières et avec l'Église universelle. Le Pontife Romain, comme successeur de Pierre, est le principe perpétuel et visible, le fondement de l'unité tant des évêques que de la masse des fidèles[30]. Chaque évêque, de son côté, est le principe visible et le fondement d'unité de son Église particulière[31], formée à l'image de l'Église universelle; et dans toutes ces Églises particulières et par elles est constituée l'Église catholique, une et unique[32]. Par conséquent chaque évêque représente sa propre Église et tous ensemble avec le pape représentent l'Église entière dans le lien de la paix, de l'amour et de l'unité.

Chaque évêque, préposé à une Église particulière, exerce son gouvernement pastoral sur la portion du Peuple de Dieu qui lui a été confiée et non sur les autres Églises ni sur l'Église universelle. Mais, en tant que membres du Collège épiscopal et successeurs légitimes des Apôtres, par institution et commandement du Christ tous les évêques sont tenus d'avoir pour toute l'Église[33] une sollicitude qui, sans s'exercer par un acte de juridiction, contribue considérablement au bien de l'Église universelle. Tous les évêques, en effet, doivent promouvoir et défendre l'unité de la foi et la discipline commune à toute l'Église, éduquer les fidèles à l'amour de tout le Corps mystique du Christ, particulièrement des membres pauvres, souffrants et de ceux qui sont persécutés pour la justice (cf. Mt 5, 10), et enfin, promouvoir toute activité qui est commune à l'Église entière, spécialement celle qui tend à accroître la foi et à faire briller aux yeux de tous les hommes la lumière de la pleine vérité. Du reste, il est certain que, en gouvernant bien leur propre Église comme portion de l'Église universelle, ils contribuent eux-mêmes efficacement au bien de tout le Corps mystique lequel est également le Corps des Églises[34].

Le soin d'annoncer l'évangile dans tous les coins du monde incombe au Corps des Pasteurs, car c'est à eux tous ensemble que le Christ donna l'ordre, imposant une charge commune, comme déjà le pape Célestin le fit valoir aux Pères du Concile d'Éphèse[35]. Donc chaque évêque, pour autant que le permet l'exercice de sa charge particulière, est tenu de collaborer avec ses semblables et avec le successeur de Pierre auquel tout spécialement fut confiée la charge suprême de propager le nom chrétien[36]. De toutes leurs forces les évêques doivent aider les missions, leur procurer non seulement les ouvriers de la moisson, mais aussi les secours spirituels et matériels aussi bien directement par eux-mêmes qu'en suscitant de la part des fidèles une fervente coopération. Enfin, dans une universelle communion de charité, ils doivent offrir volontiers leur aide fraternelle aux autres Églises, principalement aux plus voisines et aux plus pauvres, suivant en cela l'exemple vénérable de l'antiquité.

Par la grâce de la divine Providence, il est advenu que diverses Églises fondées en différents lieux par les Apôtres et leurs successeurs se sont constituées à travers les siècles en des groupements variés, organiquement conjoints qui, tout en sauvegardant l'unité de la foi et l'unique divine constitution de l'Église universelle, jouissent d'une discipline propre, d'une coutume liturgique particulière, d'un patrimoine théologique et spirituel propre. Certaines d'entre elles, surtout les anciennes Églises patriarcales, comme des souches de la foi, en ont suscité d'autres qui sont comme leurs filles et avec lesquelles elles restent liées jusqu'à nos jours par un lien plus étroit de charité dans la vie sacramentelle et dans le respect réciproque des droits et des devoirs[37]. Cette variété d'Églises locales convergeant dans l'unité, démontre avec plus d'évidence la catholicité de l'Église indivisible. Pareillement les conférences épiscopales peuvent aujourd'hui apporter une contribution multiple et féconde afin que le sentiment collégial conduise à des applications concrètes.

24.   Les évêques, en tant que successeurs des Apôtres, reçoivent du Seigneur, à qui tout pouvoir a été donné au ciel et sur la terre, la mission d'enseigner à toutes les nations et de prêcher l'évangile à toute créature, afin que tous les hommes, au moyen de la foi, du baptême et de l'observance des commandements, obtiennent le salut (cf. Mt 28, 18; Mc 16, 15-16; Ac 26, 17 ss). Pour accomplir cette mission, Notre Seigneur Jésus Christ promit aux Apôtres le Saint-Esprit et le jour de la Pentecôte il l'envoya du ciel, pour qu'avec sa force ils soient ses témoins jusqu'à l'extrémité de la terre, devant les nations et les peuples et les rois (cf. Ac 1, 8; 2, 1 ss; 9, 15). Cette charge que le Seigneur confia aux Pasteurs de son peuple, est un vrai service, qui dans les Écritures saintes est précisément appelé « diakonia », c'est-à-dire ministère (cf. Ac 1, 17 et 25; 21, 19; Rm 2, 13; 1 Tm 1, 12).
La mission canonique des évêques peut être donnée au moyen des coutumes légitimes, non révoquées par la suprême et universelle autorité de

l'Église, ou au moyen des lois créées ou reconnues par cette même autorité, ou bien directement par le successeur même de Pierre; et si celui-ci refuse ou dénie la communion apostolique, les évêques ne pourront pas entrer en charge[38].

25.   Parmi les principaux devoirs des évêques se classe la prédication de l'évangile[39]. Les évêques, en effet, sont les hérauts de la foi qui portent au Christ de nouveaux disciples, ce sont les docteurs authentiques, pourvus de l'autorité du Christ, qui prêchent au peuple qui leur est confié à la foi à croire et à appliquer dans la pratique de la vie, et illustrent à la lumière du Saint-Esprit, extrayant du trésor de la Révélation des choses nouvelles et anciennes (Mt 13, 52), la font fructifier et veillent pour écarter de leur troupeau les erreurs qui la menacent (cf. 2 Tm 4, 1-4). Les évêques, quand ils enseignent en communion avec le Pontife Romain, doivent être respectés par tous comme les témoins de la vérité divine et catholique; et les fidèles doivent accepter l'avis donné par leur évêque au nom de Jésus Christ en matière de foi et de morale, en y adhérant avec un respect religieux. Mais cette soumission religieuse de la volonté et de l'intelligence, on doit tout particulièrement l'offrir au magistère authentique du Pontife Romain, même quand il ne parle pas « ex cathedra », de telle sorte que son suprême magistère soit respectueusement accepté et qu'avec sincérité l'on adhère aux sentences qui émanent de lui, selon la pensée et la volonté que lui-même manifeste; et celles-ci se manifestent spécialement soit par la nature des documents soit par les répétitions fréquentes de la même doctrine soit par la teneur de l'expression verbale.

Bien que les évêques considérés isolément ne jouissent pas de la prérogative de l'infaillibilité, cependant lorsque, même s'ils sont dispersés à travers le monde mais conservent le lien de la communion entre eux et avec le successeur de Pierre, dans leur enseignement authentique concernant des questions de foi et de morale ils sont d'accord qu'une sentence doit être tenue pour définie, ils énoncent alors infailliblement la doctrine du Christ[40]. Cela est encore plus manifeste lorsque, rassemblés en Concile œcuménique, ils sont docteurs et juges de la foi et de la morale pour toute l'Église et on doit adhérer à leurs définitions dans l'obéissance de la foi[41].

Cette infaillibilité, dont le divin Rédempteur voulut que soit pourvue son Église dans la définition de la doctrine de la foi et des mœurs, est d'autant plus manifeste que le dépôt de la divine Révélation apparaît comme devant être jalousement sauvegardé et fidèlement exposé. De cette infaillibilité, le Pontife Romain, chef du Collège des évêques, jouit en vertu de son office, lorsque, en sa qualité de Pasteur et de docteur suprême de tous les fidèles qui confirme dans la foi ses frères (cf. Lc 22, 32), il sanctionne par une définition une doctrine regardant la foi et la morale[42]. Pour cette raison ses définitions sont justement dites irréformables de par elles-mêmes et non par suite du consentement de l'Église; elles sont en effet prononcées avec l'assistance du Saint-Esprit à lui promise en la personne du bienheureux Pierre, et elles n'ont besoin d'aucune approbation des autres et elles ne tolèrent aucun appel à un autre jugement. Alors, en effet, le Pontife Romain prononce la sentence non pas comme personne privée, mais comme maître suprême de l'Église universelle, en qui est ancré, de façon particulière, le charisme de l'infaillibilité de l'Église même, il expose ou défend la doctrine de la foi catholique[43]. L'infaillibilité promise à l'Église se trouve également dans le Corps que constituent les évêques, quand il exerce le magistère suprême avec le successeur de Pierre. Et à ces définitions ne peut jamais manquer l'assentiment de l'Église, en raison de l'action du Saint-Esprit lui-même, laquelle conserve et fait progresser dans l'unité de la foi tout le troupeau du Christ[44].

Et lorsque, soit le Pontife Romain, soit le Corps des évêques avec lui, définissent une sentence, ils l'émettent selon la Révélation elle-même, à laquelle tous doivent s'en tenir et se conformer, qui est intégralement transmise par écrit ou par tradition à travers la légitime succession des évêques et spécialement par le soin du Pontife Romain lui-même, et qui est jalousement conservée et fidèlement exposée dans l'Église grâce à la lumière dont l'inonde l'Esprit de vérité[45]. Le Pontife Romain et les évêques, selon leur office et l'importance de la chose, consacrent leur activité vigilante en employant les moyens qui conviennent[46]; cependant ils n'acceptent pas de nouvelle révélation publique comme appartenant au dépôt divin de la foi[47].

26. L'évêque, revêtu de la plénitude du sacrement de l'ordre, est «l'économe de la grâce du suprême sacerdoce[48]», spécialement dans l'eucharistie, qu'il offre lui-même ou fait offrir[49], et de laquelle l'Église vit continuellement et s'accroît. Cette Église du Christ est vraiment présente dans les légitimes communautés locales des fidèles, lesquelles, en tant qu'ahérant à leurs Pasteurs,

sont elles-mêmes appelées églises dans le Nouveau Testament[50]. Elles sont en effet, là où elles se trouvent, le Peuple nouveau appelé par Dieu dans le Saint-Esprit et une pleine assurance (cf. 1 Th 1, 5). En elles la prédication de l'évangile du Christ rassemble les fidèles et le mystère de la Cène du Seigneur est célébré « afin que, au moyen de la chair et du sang du Seigneur, soient étroitement unis tous les frères de la communauté[51] ». Dans chaque communauté qui participe à l'autel, sous le ministère sacré de l'évêque[52], est offert le symbole de cette charité et « unité du Corps mystique, sans laquelle il ne peut y avoir de salut[53] ». Dans ces communautés, bien qu'elles soient souvent petites, pauvres et éloignées les unes des autres, le Christ est présent par la vertu de qui est rassemblée l'Église, une, sainte, catholique et apostolique[54]. En effet « la participation au corps et au sang du Christ ne fait rien d'autre que de nous transformer en ce que nous prenons[55] ».

Toute légitime célébration de l'eucharistie est dirigée par l'évêque, auquel incombe la charge d'assister et de régler le culte de la religion chrétienne qu'il faut rendre à la divine Majesté, selon les préceptes du Seigneur et les lois de l'Église, normes qu'il précise pour son diocèse, selon son propre jugement.

De cette manière les évêques, priant et travaillant pour le peuple, répandent sous diverses formes et abondamment la plénitude de la sainteté du Christ. À travers le ministère de la parole ils communiquent la force de Dieu pour le salut des croyants (cf. Rm 1, 16), et au moyen des sacrements dont ils déterminent, de leur propre autorité, la distribution régulière et fructueuse[56], ils sanctifient les fidèles. Ils règlent l'administration du baptême grâce auquel est concédée la participation au sacerdoce royal du Christ. Ils sont les ministres naturels de la confirmation, dispensateurs des ordres sacrés et modérateurs de la discipline pénitentielle, et avec sollicitude ils exhortent et instruisent leur peuple afin que dans la liturgie et spécialement dans le saint sacrifice de la messe, celui-ci accomplisse sa part avec foi et dévotion. Ils doivent enfin, par l'exemple de leur vie, aider ceux qu'ils conduisent, tendre à dégager leurs mœurs de tout mal et à les rendre bonnes, autant qu'il leur est possible, avec l'aide de Dieu, pour qu'ils puissent, en union avec le troupeau qui leur est confié, atteindre la vie éternelle[57].

27.   Les évêques gouvernent les Églises locales qui leur sont confiées en qualité de vicaires et légats du Christ[58], par leurs conseils, leurs paroles persuasives, leurs exemples, mais aussi avec l'autorité et le pouvoir sacré. De ce pouvoir ils ne se servent cependant que pour élever leur troupeau dans la vérité et dans la sainteté, se rappelant que quiconque est plus grand doit se faire comme le plus petit et qui est chef, comme le serviteur (cf. Lc 22, 26-27). Ce pouvoir que personnellement ils exercent au nom du Christ est particulier, ordinaire et immédiat, malgré que l'exercice en soit soumis en dernier ressort à la suprême autorité de l'Église et puisse être circonscrit en de certaines limites, en considération du bien de l'Église ou des fidèles. En vertu de ce pouvoir, les évêques ont le droit sacré et devant le Seigneur, la charge de légiférer pour leurs sujets, de juger et de régler tout ce qui appartient à l'ordre du culte et de l'apostolat.

À eux est pleinement confiée la charge pastorale, c'est-à-dire le soin habituel et quotidien de leur bercail et ils ne doivent pas être considérés comme vicaires des Pontifes Romains car ils sont revêtus d'un pouvoir qui leur est propre et sont appelés en toute vérité surintendants des peuples qu'ils gouvernent[59]. Leur pouvoir donc n'est pas affaibli mais au contraire affermi, corroboré et défendu par le pouvoir suprême et universel[60], puisque le Saint-Esprit conserve indéfectible la forme de gouvernement établie par Notre Seigneur Jésus Christ dans son Église.

L'évêque, envoyé par le Père de famille pour gouverner sa famille, doit tenir devant ses yeux l'exemple du Bon Pasteur qui est venu non pour être servi mais pour servir (cf. Mt 20; Mc 10, 45) et donner sa vie pour les brebis (cf. Jn 10, 11). Pris parmi les hommes et sujet aux faiblesses, il peut bénignement compatir à ceux qui pèchent par ignorance ou erreur (cf. He 5, 1-2). Il ne doit pas refuser d'écouter les sujets qu'il soigne comme ses vrais fils et il doit les exhorter à collaborer activement avec lui. Devant rendre compte à Dieu de leurs âmes (cf. He 13, 17), il faut que, par la prière, la prédication et toutes sortes d'œuvres de charité, il prenne soin d'eux également de ceux qui ne sont pas encore dans l'unique troupeau et qu'il doit considérer comme lui étant recommandés dans le Seigneur. Étant, à l'instar de l'Apôtre Paul, débiteur envers tous, qu'il soit prompt à annoncer l'évangile à tous (cf. Rm 1, 14-15) et à exhorter ses fidèles à l'activité apostolique et missionnaire. Les fidèles, de leur côté, doivent adhérer à l'évêque comme l'Église adhère à Jésus Christ et Jésus Christ au Père, afin que toutes les choses concordent dans la vérité[61], et croissent pour la gloire de Dieu (cf. 2 Co 4, 15).

28.   Le Christ, que le Père a sanctifié et envoyé dans le monde (cf. Jn 10, 36), a rendu, par l'intermédiaire des Apôtres, les successeurs des Apôtres, c'est-à-dire les évêques, participants de sa consécration et de sa mission[62]; et ceux-ci ont légitimement transmis, à divers degrés, la charge de leur ministère à différents sujets dans l'Église. Ainsi le ministère ecclésiastique institué par Dieu est exercé, à divers ordres, par eux qui déjà dans l'antiquité sont appelés évêques, prêtres, diacres[63]. Les prêtres, bien qu'ils ne possèdent pas le sommet du sacerdoce et dépendent des évêques dans l'exercice de leur pouvoir, leur sont toutefois conjoints dans l'honneur sacerdotal[64] et en vertu du sacrement de l'ordre[65], à l'image du Christ, suprême et éternel Prêtre (cf. He 5, 1-10; 7, 24; 9, 11-28), ils sont consacrés pour prêcher l'évangile, paître les fidèles et célébrer le culte divin, comme vrais prêtres du Nouveau Testament[66]. Participants, selon le degré de leur ministère, de l'office de l'unique Médiateur Jésus Christ (1 Tm 2, 5), ils annoncent à tous la divine parole. Mais surtout ils exercent leur ministère sacré dans le culte ou synaxe eucharistique, où tenant la place du Christ[67], et proclamant son mystère, ils réunissent les prières des fidèles au sacrifice de leur chef et, dans le sacrifice de la messe, représentent et appliquent[68], jusqu'à la venue du Seigneur (cf. 1 Co 2, 26), l'unique sacrifice du Nouveau Testament, c'est-à-dire celui du Christ, qui s'est offert une fois pour toutes au Père comme victime immaculée (cf. He 9, 14-28). Ils exercent en outre le ministère de la réconciliation et du

réconfort auprès des fidèles repentants ou malades et portent à Dieu le Père les besoins et les prières des fidèles (cf. He 5, 1-4). Exerçant, selon leur part d'autorité, l'office du Christ, Pasteur et Chef[69], ils rassemblent la famille de Dieu, en une fraternité animée d'un seul esprit[70], et par le Christ dans l'Esprit ils la portent au Père. Et au milieu de leur troupeau ils l'adorent en esprit et vérité (cf. Jn 4, 24). Ils se dépensent en outre, dans la prédication et dans l'enseignement (cf. 1 Tm 5, 17), croyant ce qu'ils ont lu et médité dans la loi du Seigneur, enseignant ce qu'ils ont cru, vivant ce qu'ils ont enseigné[71].

Les prêtres, sages collaborateurs de l'Ordre épiscopal[72], constituant pour celui-ci une aide et un instrument, appelés à servir le Peuple de Dieu, forment avec leur évêque un unique Corps sacerdotal (presbyterium[73]), bien que destiné à des tâches différentes. Dans chacune des communautés locales de fidèles ils rendent présent, pour ainsi dire, l'évêque à qui ils sont unis avec un esprit confiant et grand, et de qui ils assument, selon leur grade, les devoirs et la sollicitude et les exercent dans un soin quotidien. Sous l'autorité de l'évêque, ils sanctifient et gouvernent la portion de troupeau du Seigneur qui leur est confiée, à la place où ils se trouvent ils rendent visible l'Église universelle et contribuent largement à l'édification de tout le Corps mystique du Christ (cf. Ép 4, 12). Toujours attentifs au bien des fils de Dieu, qu'ils essaient de porter leur contribution au travail pastoral de tout le diocèse, bien plus, de toute l'Église. Et en raison de cette participation dans le sacerdoce et dans le travail apostolique, que les prêtres reconnaissent dans l'évêque leur père et lui obéissent avec respect.

L'évêque, pour sa part doit considérer les prêtres, ses collaborateurs, comme des fils et des amis, à l'instar du Christ qui appelle ses disciples non des serviteurs, mais des amis (cf. Jn 15, 15). Ainsi, en raison de l'ordre et du ministère, tous les prêtres, tant diocésains que religieux, sont associés au Corps épiscopal et, selon leur vocation et leur grâce, ils servent au bien de toute l'Église.

En vertu de l'ordination sacrée qui leur est commune ainsi que la mission, tous les prêtres sont liés entre eux par une fraternité intime, qui doit se manifester spontanément et volontiers dans l'aide mutuelle, spirituelle et matérielle, pastorale et personnelle, dans les réunions et dans la communion de vie, de travail et de charité.

Qu'ils aient ensuite soin, en tant que pères dans le Christ, des fidèles qu'ils ont spirituellement engendrés par le baptême et l'enseignement chrétien (cf. 1 Co 4, 15; 1 P 1, 23). Se faisant les modèles du troupeau (1 P 5, 3) qu'ils président et servent leur communauté locale de sorte que celle-ci puisse être dignement appelée du nom dont s'honore l'unique Peuple de Dieu, tout entier, c'est-à-dire Église de Dieu (cf. 1 Co 1, 2; 2 Co 1, 7; et passim). Et ils se rappelleront que, dans leur conduite quotidienne et leur sollicitude, ils doivent présenter aux fidèles et infidèles, catholiques et non-catholiques, les traits d'un ministère vraiment sacerdotal et pastoral, et rendre à tous le témoignage de la vérité et de la vie, et comme de bons pasteurs, rechercher aussi ceux (cf. Lc 15, 4-7) qui, baptisés dans l'Église catholique, ont abandonné la pratique des sacrements ou même la foi.

De nos jours, l'humanité s'unifie de plus en plus en une unité civile, économique et sociale, il est d'autant plus nécessaire que les prêtres, associant leur zèle et leur travail sous l'égide des évêques et du Souverain Pontife, suppriment toute cause de discorde afin que tout le genre humain soit reconduit à l'unité de la famille de Dieu.

29. Sur un plan inférieur de la hiérarchie se trouvent les diacres auxquels les mains sont imposées « non pour le sacerdoce, mais pour le ministère[74] ». En effet, soutenus par la grâce sacrementelle, dans le ministère de la liturgie, de la prédication et de la charité, ils servent le Peuple de Dieu, en communion avec l'évêque et ses prêtres. C'est l'office du diacre, conformément à ce qui lui aura été confié par l'autorité compétente, d'administrer solennellement le baptême, de conserver et de distribuer l'eucharistie, d'assister et de bénir au nom de l'Église le mariage, de porter le viatique aux moribonds, de lire la Sainte Écriture aux fidèles, d'instruire et d'exhorter le peuple, de présider le culte et la prière des fidèles, d'administrer les sacramentaux, de conduire les rites des funérailles et de la sépulture. Dédiés aux offices de charité et d'assistance, les diacres se rappelleront l'avertissement de saint Polycarpe: « Miséricordieux, actifs, marchant dans la vérité du Seigneur, qui s'est fait le serviteur de tous[75]. »

Mais comme ces offices, extrêmement nécessaires à la vie de l'Église, peuvent difficilement être exercés dans la discipline de l'Église latine telle qu'elle existe en de nombreuses régions, le diaconat pourra à l'avenir être rétabli comme degré propre et permanent de la hiérarchie. Il incombera ensuite aux conférences épiscopales, dont la compétence territoriale peut être plus ou moins étendue, de décider avec l'approbation du Souverain Pontife lui-même, s'il est opportun en tel ou tel lieu d'instituer ces diacres pour le soin des âmes. Avec le consentement du Pontife Romain ce diaconat pourra être conféré à des hommes d'âge mûr même s'ils vivent dans le mariage et, aussi, à des jeunes reconnus aptes; mais pour ces derniers la loi du célibat doit rester ferme.

Chapitre IV

LES LAÏCS

30.   Le Saint Concile, après avoir déclaré ce que sont les fonctions de la hiérarchie, tourne volontiers sa pensée vers l'état de ces fidèles qu'on appelle les laïcs. Bien que tout ce qui a été dit du Peuple de Dieu s'adresse également aux laïcs, aux religieux et au clergé, cependant certaines choses regardent particulièrement les laïcs, qu'ils soient hommes ou femmes, à cause de leur condition et de leur mission et les points fondamentaux doivent en être développés davantage en raison des circonstances spéciales de notre temps. Les Pasteurs sacrés, en effet, savent parfaitement combien les laïcs contribuent au bien de toute l'Église. Les Pasteurs savent qu'ils n'ont pas été institués par le Christ pour assumer, à eux seuls, toute la mission salvatrice de l'Église envers le monde, mais que leur charge sublime est de paître les fidèles et de reconnaître de ces derniers les ministères et les charismes de manière à ce que tous coopèrent à leur mesure et d'un même accord à l'œuvre commune. Car il faut que tous « vivant selon la vérité et dans la charité, nous croissions de toute manière vers celui qui est le Chef, le Christ, dont le Corps tout entier reçoit concorde et cohérence par toutes sortes de join-

tures qui le nourrissent et l'actionnent selon le rôle de chaque partie, opérant ainsi sa croissance et se construisant lui-même, dans la charité » (Ép 4, 15-16).

31.   Sous le nom de laïcs nous entendons ici tous les fidèles, à l'exclusion des membres de l'ordre sacré et de l'état religieux reconnus dans l'Église, c'est-à-dire les fidèles qui, après avoir été incorporés au Christ par le baptême, ont été constitués Peuple de Dieu et rendus participants de l'office sacerdotal, prophétique et royal du Christ, exercent pour leur part, la mission de tout le peuple chrétien dans l'Église et dans le monde.

Le caractère séculier est propre et spécial aux laïcs. En fait, les membres de l'ordre sacré, bien qu'ils puissent s'occuper de choses séculières et même exercer une profession séculière, cependant, de par leur vocation spéciale, sont destinés principalement et proprement au ministère sacré, tandis que les religieux, dans leur condition, témoignent d'une manière splendide et singulière de ce que le monde ne peut pas être transfiguré et offert à Dieu sans l'esprit des béatitudes. Étant donné leur vocation propre, c'est le devoir des laïcs de rechercher le Royaume de Dieu en gérant les choses temporelles et en les ordonnant selon Dieu. Ils vivent dans le siècle, c'est-à-dire dans toutes les affaires du monde, et dans chacune d'elles, dans les conditions ordinaires de la vie de famille et de la vie sociale dont leur existence est comme tissée. C'est là qu'ils sont appelés par Dieu, comme en exerçant leur charge propre sous la conduite de l'esprit évangélique, à contribuer, comme de l'intérieur, à la manière d'un ferment, à la sanctification du monde, et à manifester ainsi le Christ aux autres, principalement par le témoignage de leur propre vie, par le rayonnement de leur foi, de leur espérance et de leur charité. C'est à eux qu'il revient particulièrement d'éclairer et d'ordonner toutes les choses temporelles auxquelles ils sont étroitement liés, afin qu'elles soient toujours accomplies selon le Christ, qu'elles croissent et soient à la louange du Créateur et Rédempteur.

32. La Sainte Église est, par institution divine, organisée et dirigée avec une diversité admirable. « De même, en effet, que notre corps en son unité possède beaucoup de membres et que ces membres n'ont pas tous la même fonction, ainsi nous à plusieurs, nous ne formons qu'un seul corps dans le Christ, étant, chacun pour sa part, membres les uns des autres » (Rm 12, 4-5).

Donc, le Peuple élu de Dieu est un: « Un seul Seigneur, une seule foi, un seul baptême » (Ép 4, 5). La dignité des membres est commune à tous par le fait de leur régénération dans le Christ; commune la grâce des fils, commune la vocation à la perfection, un le salut, une l'espérance et indivise la charité. Il n'existe donc pas d'inégalité dans le Christ et dans l'Église en raison de la race ou de la nation, de la condition sociale ou du sexe, car « il n'y a plus ni Juifs ni Gentils, il n'y a plus ni esclaves ni hommes libres, il n'y a plus ni hommes ni femmes: vous êtes tous 'un' dans le Christ Jésus » (Ga 3, 28 gr.; cf. Col 3, 11).

Donc, si, dans l'Église, tous ne cheminent pas en suivant la même voie, tous cependant sont appelés à la sainteté et ont également le bonheur de la foi par la justice de Dieu (cf. 2 P 1, 1). Même si certains, par la volonté du Christ, sont constitués docteurs et dispensateurs des mystères et pasteurs pour les autres, cependant, une véritable égalité existe entre tous quant à la dignité et à l'action qui est commune à tous pour édifier le corps du Christ. En effet, la distinction posée par le Seigneur entre les ministres sacrés et le reste du Peuple de Dieu comporte en soi un lien, les Pasteurs et les autres fidèles étant liés entre eux par un rapport commun et nécessaire; à savoir que les Pasteurs de l'Église, à l'exemple du Christ sont au service les uns des autres et au service des fidèles et que ces derniers, à leur tour, prêtent volontiers leur collaboration aux Pasteurs et maîtres. Ainsi, dans la diversité, tous donnent un témoignage d'unité admirable dans le Corps du Christ, car même la diversité des grâces, des ministères et des opérations rassemble en un les fils de Dieu, étant donné qu'un unique et même esprit « opère toutes ces choses » (1 Co 12, 11).

Il s'ensuit donc que, comme par la bienveillance divine, les laïcs ont pour frère le Christ qui, bien qu'étant le Seigneur de toutes choses, n'est pas venu pour être servi, mais pour servir (cf. Mt 20, 28), ainsi, ils ont également pour frères ceux qui, placés dans le ministère sacré, enseignent, sanctifient et régissent, paissant la famille de Dieu, par l'autorité du Christ, en sorte que le précepte nouveau de la charité soit accompli par tous. Saint Augustin dit fort bien à ce sujet: « Si ce que je suis pour vous m'atterre, être avec vous me console. Car pour vous je suis évêque et avec vous je suis chrétien. Le premier titre est celui de l'office et le second, celui de la grâce. Le premier est tout de danger et le second est tout de salut[1]. »

33. Les laïcs rassemblés dans le Peuple de Dieu et constitués en un Corps unique du Christ sous un seul chef sont tous appelés, quels qu'ils soient, à contribuer comme des membres vivants et de toutes les forces qu'ils ont reçues de la bonté du créateur et de la grâce du Rédempteur, à l'accroissement de l'Église et à son ascension continuelle dans la sainteté.

L'apostolat des laïcs est donc une participation à la mission salvatrice même de l'Église et à cet apostolat tous sont destinés par le Seigneur lui-même par le moyen du baptême et de la confirmation. Et par les sacrements et, spécialement, par la sainte eucharistie, est communiqué et alimenté cet amour envers Dieu et envers les hommes qui est l'âme de tout l'apostolat. Cependant, les laïcs, sont par-dessus tout appelés à rendre présente et active l'Église en ces lieux et en ces circonstances où elle ne peut devenir le sel de la terre que par leur intermédiaire[2]. Ainsi chaque laïc en vertu des dons reçus est le témoin et, en même temps, l'instrument vivant de la mission même de l'Église « selon que le Christ a mesuré ses dons » (Ép 4, 7).

En plus de cet apostolat qui incombe à tous les fidèles absolument, les laïcs peuvent également être appelés, de diverses manières, à collaborer plus immédiatement avec l'apostolat de la hiérarchie[3], à la ressemblance des hommes et des femmes qui aidaient l'Apôtre Paul à évangéliser, travaillant beaucoup pour le Seigneur (cf. Ph 4, 3; Rm 16, 3 ss). Ils ont, en outre, la capacité d'être appelés par la hiérarchie à exercer certaines tâches ecclésiastiques, pour un but spirituel.

Donc, un devoir glorieux pèse sur tous les laïcs, celui de travailler pour que le dessein divin du salut atteigne davantage chaque jour tous les hommes de tous les temps et de toute la terre. En conséquence, que la voie leur soit ouverte, quelle qu'elle soit, afin que, selon leurs forces et les nécessités des temps, ils puissent, eux aussi, participer activement à l'œuvre salvatrice de l'Église.

34. Le suprême et éternel Prêtre, le Christ Jésus, voulant également continuer à travers les laïcs son témoignage et son service, les vivifie de son Esprit et les pousse sans cesse à des œuvres bonnes et parfaites.

En effet, à ceux qu'il unit intimement à sa vie, et à sa mission, il donne également une part de son office sacerdotal pour qu'ils exercent un culte spirituel, afin que Dieu soit glorifié et que les hommes soient sauvés. En conséquence, les laïcs, en tant que dédiés au Christ et consacrés par l'Esprit Saint, sont, d'une manière admirable, appelés et pourvus de manière à ce que les fruits de l'Esprit soient toujours produits en eux plus abondamment. En effet, toutes leurs œuvres, prières et initiatives apostoliques, la vie conjugale, la vie de famille, le travail journalier, le soulagement spirituel et corporel, s'ils sont accomplis dans l'Esprit et même les ennuis de la vie, s'ils sont supportés avec patience, deviennent « des sacrifices spirituels agréables à Dieu par Jésus Christ » (1 P 2, 5); et ces sacrifices sont pieusement offerts au Père dans la célébration de l'eucharistie, en même temps que l'oblation du corps du Seigneur; de cette manière les laïcs, comme les adorateurs agissent saintement, en tout lieu, consacrent à Dieu le monde même.

35. Le Christ, le grand Prophète qui, par le

témoignage de la vie et la vertu de la parole, a proclamé le Royaume du Père, accomplit son office prophétique jusqu'à la pleine manifestation de la gloire, non seulement par le moyen de la hiérarchie qui enseigne en son nom et avec son pouvoir, mais aussi par le moyen des laïcs que, de ce fait, il constitue comme ses témoins et à qui il procure le sens de la foi et la grâce de la parole (cf. Ac 2, 17-18; Ap 19, 10), afin que la force de l'évangile resplendisse dans la vie quotidienne, familiale et sociale. Les laïcs se montrent fils de la promesse si, forts dans la foi et dans l'espérance, ils mettent à profit le temps présent (cf. Ép 5, 16; Col 4, 5), et attendent avec patience la gloire future (cf. Rm 8, 25). Ils ne doivent pas enfouir cette espérance à l'intérieur de leurs âmes, mais, par une conversion continuelle et une lutte «contre les dominateurs de ce monde de ténèbres, contre les esprits malins» (Ép 6, 12), ils doivent l'exprimer également à travers la structure de la vie séculière.

De même que les sacrements de la Nouvelle Loi, aliments de la vie et de l'apostolat des fidèles, préfigurent un ciel nouveau et une terre nouvelle (Ap 21, 1), de même les laïcs deviennent les hérauts de la foi dans les choses que l'on espère (cf. He 11, 1), si, sans hésiter, ils joignent à une vie de foi la profession de la foi. Cette évangélisation, ou annonce du Christ portée par le témoignage de la vie et par la parole, acquiert un certain caractère spécifique et une efficacité particulière du fait qu'elle est accomplie dans les conditions ordinaires du siècle.

Dans cet office, apparaît comme étant d'une grande valeur l'état de vie qui est sanctifié par un sacrement spécial: la vie matrimoniale et familiale. L'exercice et une excellente école d'apostolat des laïcs se trouvent là, quand la religion chrétienne imprègne toute la teneur de la vie et la transforme chaque jour davantage. Là, des conjoints ont la vocation propre d'être l'un pour l'autre et, également pour les enfants, des témoins de la foi et de l'amour du Christ. La famille chrétienne proclame à haute voix les vertus présentes du Royaume de Dieu et l'espérance de la vie bienheureuse. Ainsi, par son exemple et par son témoignage, elle convainc le monde de péché et éclaire ceux qui cherchent la vérité.

Les laïcs donc, même lorsqu'ils sont occupés par des soucis temporels, peuvent et doivent exercer une action précieuse pour l'évangélisation du monde. Si les ministres sacrés manquent ou sont empêchés par des régimes de persécution, les laïcs doivent suppléer à certains offices sacrés, selon leur possibilité. Et même si plusieurs d'entre eux dépensent toutes leurs forces dans le travail apostolique, il faut que tous coopèrent à l'épanouissement et à l'accroissement du Royaume du Christ dans le monde. Aussi les laïcs s'attacheront-ils avec diligence à approfondir la vérité révélée et imploreront-ils de Dieu, avec insistance, le don de sagesse.

36. Le Christ qui s'est fait obéissant jusqu'à la mort et qui a été, en conséquence, exalté par le Père (cf. Ph 2, 8-9), est entré dans la gloire de son Royaume. Toutes les choses lui sont soumises jusqu'à ce que lui-même se soumette au Père et avec lui toutes les créatures, afin que Dieu soit tout en tous (cf. 1 Co 15, 27-28). Cette puissance, il l'a communiquée aux disciples afin qu'eux aussi soient constitués dans la liberté royale avec l'abnégation

d'eux-mêmes et que, par leur vie sainte, ils puissent vaincre en eux le royaume du péché (cf. Rm 6, 12), et en outre, afin que servant dans les autres le Christ même ils conduisent avec humilité et patience, leurs frères au Roi, à ce Roi dont le servir c'est régner. Le Seigneur, en effet, désire agrandir son Royaume même par les fidèles laïcs, c'est-à-dire le royaume de la vérité et de la vie, le royaume de la sainteté et de la grâce, le royaume de la justice, de l'amour et de la paix[4]: dans ce royaume la créature elle-même sera libérée de l'esclavage de la corruption pour participer à la glorieuse liberté des fils de Dieu (cf. Rm 8, 21). Certainement une grande promesse et un grand commandement sont donnés aux disciples: «en fait, tout est à vous, mais vous êtes au Christ et le Christ est à Dieu» (1 Co 3, 23).

Les fidèles doivent, en conséquence, reconnaître la nature intime de toute la créature, sa valeur et sa destination à la louange de Dieu. Ils doivent aussi s'aider les uns les autres en vue d'une vie plus sainte, même par les œuvres proprement séculières, afin que le monde soit imprégné de l'esprit du Christ et atteigne plus efficacement son but dans la justice, dans la charité et dans la paix. En accomplissant universellement cet office, les laïcs occupent un poste de premier plan. Donc, avec leur compétence dans les disciplines profanes et avec leurs activités élevées intrinsèquement par la grâce du Christ, ils doivent conduire efficacement leur action de telle façon que les biens créés soient cultivés selon l'ordonnance du Créateur et la lumière de son Verbe, grâce au travail humain, à la technique et à l'œuvre civilisatrice, pour l'utilité de tous les hommes sans aucune exception; que les biens soient distribués plus convenablement entre ces hommes et que, pour leur part, ils contribuent au progrès universel dans la liberté humaine et chrétienne. Ainsi le Christ, par le moyen des membres de l'Église, illuminera toujours davantage la société humaine tout entière de sa lumière salutaire.

En outre, les laïcs, en associant également leurs forces, doivent assainir les institutions et les conditions du monde, s'il y en a qui incitent les mœurs au péché, de manière à ce qu'elles soient toutes rendues conformes aux normes de la justice et qu'elles favorisent l'exercice de la vertu, au lieu de lui faire obstacle. En agissant ainsi, les laïcs imprégneront d'une valeur morale la culture et les œuvres humaines. De cette manière, le champ du monde est mieux préparé pour la semence de la parole divine et, de même, les portes de l'Église sont plus ouvertes par lesquelles l'annonce de la paix entre dans le monde.

Pour la même économie du salut, les fidèles doivent apprendre à bien distinguer entre les droits et les devoirs qui leur incombent en tant qu'ils sont associés à l'Église, et ceux qui leur reviennent en tant que membres de la société humaine. Ils doivent s'efforcer de les mettre en harmonie les uns avec les autres, se souvenant de ce que, dans toute chose temporelle, ils doivent être guidés par la conscience chrétienne, car aucune activité humaine, même dans les choses temporelles, ne peut être soustraite au commandement de Dieu. À notre époque, il est par-dessus tout nécessaire que cette distinction et cette harmonie resplendissent de la manière la plus claire possible dans la façon d'agir des fidèles, afin que la mission de l'Église puisse répondre plus pleinement aux conditions particulières du monde moderne. De même qu'on doit reconnaître que la cité terrestre est, à juste titre, consacrée aux soins terrestres et qu'elle est dirigée par ses principes particuliers, de même, à juste titre, il faut rejeter la doctrine néfaste qui s'efforce de construire la société sans tenir aucun compte de la religion et qui combat et ruine la liberté religieuse des citoyens[5].

37. Les laïcs, comme tous les fidèles, ont le droit de recevoir abondamment des pasteurs sacrés les biens spirituels de l'Église et surtout le secours de la parole de Dieu et des sacrements[6]. Que les laïcs manifestent donc aux Pasteurs leurs nécessités et leurs désirs avec cette liberté et cette confiance qui conviennent à des fils de Dieu et à des frères dans le Christ. Selon la science, la compétence et l'autorité dont ils jouissent, ils ont la faculté et même, parfois, le devoir de faire connaître leur pensée au sujet de ce qui concerne le bien de l'Église[7]. Que, si le cas se présente, cela se fasse par le moyen des organes institués à cette fin par l'Église et toujours dans la véracité, la force, la prudence, et avec respect et charité à l'égard de ceux qui, en raison de leur charge sacrée, représentent le Christ.

Les laïcs, comme tous les fidèles, doivent accepter volontiers avec une obéissance chrétienne ce que les Pasteurs, représentants du Christ, établissent en tant que maîtres et chefs dans l'Église, suivant en cela l'exemple du Christ qui, par son obéissance jusqu'à la mort, a ouvert à tous les hommes la voie bienheureuse de la liberté des fils de Dieu. Ils ne doivent pas négliger de recommander à Dieu dans leurs prières leurs supérieurs, car ils veillent sur nos âmes, comme devant en rendre compte, afin qu'ils le fassent avec joie et non pas en gémissant (cf. He 13, 17).

D'autre part, les Pasteurs doivent reconnaître et promouvoir la dignité et la responsabilité des laïcs dans l'Église, utiliser volontiers leurs avis prudents, leur assigner avec confiance des offices au service de l'Église, leur accorder la liberté d'action et un champ où ils puissent l'exercer et les encourager même à entreprendre des œuvres de leur propre initiative. Les Pasteurs doivent considérer avec attention et affection paternelle dans le Christ les projets, les demandes et les désirs, proposés par les laïcs[8]. En outre, les Pasteurs auront soin de reconnaître la juste liberté dont chacun doit jouir dans la cité terrestre.

De ces rapports familiers entre les laïcs et les Pasteurs, on doit attendre beaucoup d'avantages pour l'Église. De cette manière, en effet, le sens de leur propre responsabilité est renforcé chez les laïcs, leur élan est soutenu et leurs forces sont plus facilement associées à l'œuvre des Pasteurs. Ceux-ci, aidés par l'expérience des laïcs, pourront juger avec plus de clarté et d'opportunité dans le domaine spirituel aussi bien que dans le domaine temporel et, ainsi, toute l'Église, renforcée par tous ses membres, accomplira avec une plus grande efficacité sa mission pour la vie du monde.

38.   Chaque laïc doit être, à la face du monde, un témoin de la résurrection et de la vie du Seigneur Jésus et un signe du Dieu vivant. Tous ensemble, et chacun accomplissant sa part, ils doivent alimenter le monde de fruits spirituels (cf. Ga 5, 22) et répandre l'esprit dont sont animés les pauvres, les

doux et les pacifiques que le Seigneur a proclamés bienheureux dans l'Évangile (cf. Mt 5, 30). En un mot: « Ce que l'âme est dans le corps que les chrétiens le soient dans le monde[9]. »

Chapitre V

LA VOCATION UNIVERSELLE
A LA SAINTETÉ DANS L'ÉGLISE

39. L'Église, dont le Saint Concile expose le mystère, est reconnue dans la foi, comme indéfectiblement sainte. En effet, le Christ, Fils de Dieu, qui avec le Père et le Saint-Esprit est proclamé « le seul saint [1] », a aimé l'Église comme son épouse et s'est donné pour elle afin de la sanctifier (cf. Ép. 5, 25-26). Il l'a unie à lui comme son corps, et l'a remplie du don de l'Esprit Saint, à la gloire de Dieu. Par conséquent, dans l'Église tous, tant ceux qui appartiennent à la hiérarchie que ceux qui sont dirigés par elle, sont appelés à la sainteté, selon l'expression de l'Apôtre: « Certes la volonté de Dieu est que vous vous sanctifiez » (1 Th 4, 3; Ép 1, 4). Cette sainteté de l'Église se manifeste constamment et doit se manifester dans les fruits de la grâce que le Saint-Esprit produit dans les fidèles; elle s'exprime dans des formes différentes en chacun des fidèles qui tous tendent à la perfection de la charité selon leur genre de vie, tout en édifiant les autres; elle apparaît d'une façon particulière dans la pratique des conseils que l'on a coutume d'appeler évangéliques. Cette pratique des conseils, adoptée par beaucoup de chrétiens sous l'impulsion du

Saint-Esprit, soit en privé soit en une condition ou un état reconnus dans l'Église, porte et doit porter dans le monde un témoignage remarquable et un exemple de cette sainteté.

40.   Le Seigneur Jésus, Maître et Modèle divin de toute perfection, a prêché la sainteté de la vie, dont lui-même est l'auteur et qu'il conduit à son achèvement, à tous et à chacun de ses disciples, quelle que soit sa condition: « Soyez donc parfaits comme votre Père céleste est parfait » (Mt 5, 48[2]). En effet il envoya à tous le Saint-Esprit qui les pousse intérieurement à aimer Dieu de tout leur cœur, de toute leur âme, de tout leur esprit et de toutes leurs forces (cf. Mc 12, 30), et à s'aimer les uns les autres comme le Christ les a aimés (cf. Jn 13, 34; 15, 12). Les adeptes du Christ, appelés par Dieu et justifiés en Jésus Christ non selon leurs œuvres, mais selon le dessein et la grâce de Dieu, ont été, dans le baptême de la foi, vraiment faits fils de Dieu et participants de la nature divine, et par conséquent, réellement saints. Ils doivent donc, avec l'aide de Dieu, maintenir et perfectionner dans leur vie cette sainteté qu'ils ont reçue. L'Apôtre les exhorte à vivre « comme il convient à des saints » (Ép 5, 3), et à se revêtir, « comme il convient à des élus de Dieu, saints et agréables, de sentiments de miséricorde, de bonté, d'humilité, de mansuétude et de patience » (Col 3, 12), et à recueillir les fruits de l'Esprit pour la sanctification (cf. Ga 5, 22; Rm 6, 22). Et puisque tous nous commettons des fautes (cf. Jc 3, 2), nous avons continuellement besoin de la miséricorde de Dieu et devons prier chaque jour: « Remets-nous nos dettes » (Mt 6, 12[3]).

Il est donc clair pour tous, que tous les fidèles

de n'importe quel état ou rang sont appelés à la plénitude de la vie chrétienne et à la perfection de la charité[4]: de cette sainteté découle, même dans la société terrestre, une teneur de vie plus humaine. Pour atteindre cette perfection les fidèles appliqueront les forces reçues dans la mesure où le Christ a voulu les dispenser, afin que, suivant son exemple et devenant conformes à son image, obéissant en tout à la volonté du Père, avec une totale générosité ils se consacrent à la gloire de Dieu et au service du prochain. Ainsi la sainteté du Peuple de Dieu croîtra en fruits abondants, comme la vie de tant de saints se manifeste excellemment dans l'histoire de l'Église.

41.   Dans les divers genres de vie et dans les divers offices c'est une unique sainteté que cultivent ceux qui sont mus par l'Esprit de Dieu; et obéissant à la voix du Père et adorant en esprit et vérité le Père, ils suivent le Christ pauvre, humble et chargé de la croix, pour mériter de participer à sa gloire. Chacun selon ses propres dons et ses charges doit sans relâche avancer sur la voie de la foi vive, laquelle enflamme l'espérance et opère par l'entremise de la charité.

En premier lieu les Pasteurs du troupeau du Christ doivent, à l'image du suprême et éternel Prêtre, Pasteur et Évêque de nos âmes, accomplir saintement, avec élan, humilité et courage, leur ministère; et celui-ci, réalisé de cette façon, sera aussi pour eux un excellent moyen de sanctification. Élus à la plénitude du sacerdoce, la grâce sacramentelle leur est accordée afin que, priant, sanctifiant et prêchant, par les soins et les services épiscopaux de toutes sortes, ils exercent un office parfait de charité pastorale[5], qu'ils ne craignent pas de donner leur propre vie pour les brebis et, se faisant les modèles de leur troupeau (cf. 1 P 5, 3), qu'ils suscitent aussi dans l'Église par leur exemple une sainteté sans cesse grandissante.

Les prêtres, à l'instar de l'ordre des évêques, dont ils forment la couronne spirituelle[6], et puisqu'ils participent à la grâce de la charge des évêques par le Christ, éternel et unique Médiateur, doivent au moyen de l'exercice quotidien de leur devoir grandir dans l'amour de Dieu et du prochain, conserver intact le lien de la communion sacerdotale, abonder en toutes sortes de biens spirituels et donner à tous le vivant témoignage de Dieu[7], émules en cela des prêtres, qui au cours des siècles, dans un service souvent humble et caché, ont laissé un exemple magnifique de sainteté. Leur louange résonne dans l'Église de Dieu. Reconnaissant ce qu'ils font et imitant ce qu'ils administrent[8], au lieu d'être entravés dans la marche vers la sainteté par les charges, les périls et les tribulations de l'apostolat, qu'ils s'élèvent plutôt par cela même à une plus grande sainteté, alimentant et réchauffant leur activité avec l'abondance de la contemplation, pour la joie de toute l'Église de Dieu. Tous les prêtres, et principalement ceux qui, par le titre spécial de leur ordination, sont appelés prêtres diocésains, doivent se rappeler que l'union fidèle et la généreuse coopération avec leur propre évêque contribuent grandement à leur sanctification.

À la mission et à la grâce du Sacerdoce suprême également participent de façon particulière les ministres d'ordre inférieur, et en premier lieu les diacres. Servant aux mystères du Christ et de l'Église[9], ceux-ci doivent se maintenir purs de tout vice, plaire à Dieu et s'employer à toutes sortes de bonnes œuvres devant les hommes (cf. 1 Tm 3, 8-10 et 12-13). Les clercs qui, appelés par le Seigneur et choisis pour avoir part avec lui, se préparent sous la vigilance des Pasteurs aux devoirs des ministères sacrés, sont tenus à conformer leurs esprits et leurs cœurs à une élection aussi sublime: assidus dans l'oraison, fervents dans la charité, attentifs à tout ce qui est vrai, juste et de bonne renommée, agissant uniquement pour la gloire et l'honneur de Dieu. De ces clercs, sont bien proches les laïcs que Dieu choisit et que l'évêque appelle à s'adonner plus complètement aux œuvres apostoliques et à travailler dans la vigne du Seigneur, avec de bons résultats[10].

Les époux et les parents chrétiens, suivant leur propre voie, doivent avec un amour constant se soutenir mutuellement dans la grâce durant toute la vie et instruire dans la doctrine chrétienne et dans les vertus évangéliques leur progéniture que, dans leur amour, ils ont acceptée de Dieu. Ils offrent ainsi en effet à tous l'exemple d'un amour inlassable et généreux, édifient la communauté fraternelle de la charité et deviennent les témoins et les coopérateurs de la fécondité de notre Mère l'Église, en signe et en participation de l'amour avec lequel le Christ a aimé son Épouse et s'est immolé pour elle[11]. Un tel exemple est offert d'une autre façon par les personnes veuves et par les célibataires, qui peuvent aussi contribuer avantageusement à la sainteté et à l'activité dans l'Église. Quant à ceux qui se livrent à des travaux souvent pénibles, ils doivent par les œuvres humaines se perfectionner, aider leurs concitoyens et faire progresser toute la société et la création, mais ils doivent aussi imiter le Christ dont les mains s'exercèrent à des travaux manuels et qui toujours travaille avec le Père au salut de tous, dans la charité active, joyeux dans l'espérance, portant les fardeaux les uns des autres, et enfin par leur travail quotidien lui-même ils doivent s'élever à une plus haute sainteté qui sera, elle aussi, apostolique.

Et qu'ils se sachent unis de façon particulière au Christ souffrant pour le salut du monde, ceux qui sont accablés par la pauvreté, par la faiblesse, par la maladie et par les diverses tribulations, ou qui souffrent persécution pour la justice: le Seigneur dans l'Évangile les a proclamés bienheureux, et « le Dieu... de toute grâce, qui nous a appelés à sa gloire éternelle dans le Christ, après ces quelques souffrances, achèvera son œuvre, les affermira, les fortifiera, les rendra inébranlables » (1 P 5, 10).

Tous les fidèles donc chaque jour se sanctifieront dans leurs conditions, les devoirs ou les circonstances de leur vie, et au moyen de toutes ces choses, s'ils les accueillent toutes avec foi de la main du Père céleste, et s'ils coopèrent avec la volonté divine, manifestant à tous, dans le service temporel même, la charité avec laquelle Dieu a aimé le monde.

42.   « Dieu est amour et celui qui demeure dans l'amour demeure en Dieu, et Dieu demeure en lui » (1 Jn 4, 16). Or Dieu a répandu son amour dans nos cœurs par l'Esprit Saint qui nous a été donné (cf. Rm 5, 5); par conséquent le premier don et le plus nécessaire est la charité, par laquelle nous aimons Dieu au-dessus de toute chose et le prochain par amour pour lui. Mais pour que la charité, comme le bon grain, croisse et produise des fruits,

chaque fidèle doit écouter volontiers la parole de Dieu et, avec l'aide de sa grâce, accomplir sa volonté par l'action, participer fréquemment aux sacrements, surtout à celui de l'eucharistie, et aux fonctions sacrées; s'appliquer constamment à la prière, à l'abnégation de soi-même, au service actif des frères et à l'exercice de toute vertu. La charité en effet, en tant que lien de la perfection et accomplissement de la loi (cf. Col 3, 14), règle, informe et conduit à leur fin tous les moyens de sanctification[12]. Dès lors, le vrai disciple du Christ se caractérise par la charité soit envers Dieu soit envers le prochain.

Comme Jésus, le Fils de Dieu a manifesté sa charité en offrant sa vie pour nous, nul n'a plus d'amour que celui qui donne sa vie pour lui et pour ses frères (cf. 1 Jn 3, 16; Jn 15, 13). Depuis les premiers temps, des chrétiens ont été appelés, et toujours certains le seront, à rendre ce suprême témoignage de charité devant les hommes et principalement devant des persécuteurs. Pour cette raison le martyre, à travers lequel le disciple devient semblable au Maître qui librement accepte la mort pour le salut du monde, et lui devient conforme dans l'effusion du sang, est estimé par l'Église comme un don remarquable et l'épreuve suprême de charité. Et si ce privilège est accordé à peu de fidèles, tous doivent cependant être prêts à confesser le Christ devant les hommes et à le suivre sur le chemin de la croix, dans les persécutions qui ne manquent jamais à l'Église.

Pareillement la sainteté de l'Église est de façon spéciale favorisée par les multiples conseils que dans l'Évangile le Seigneur propose à la pratique de ses disciples[13]. Parmi eux excelle le précieux don de la grâce divine, donné par le Père à quelques-uns (cf. Mt 19, 11; 1 Co 7, 7), pour que plus facilement et d'un cœur sans partage ils se consacrent uniquement à Dieu dans la virginité ou dans le célibat[14]. Cette parfaite continence pour le Royaume des cieux a toujours été tenue par l'Église dans le plus grand honneur, comme un signe et un stimulant de la charité et comme une source spéciale de fécondité spirituelle dans le monde.

L'Église se souvient aussi de l'avertissement de l'Apôtre, lequel tout en incitant les fidèles à la charité les exhorte à avoir en eux les mêmes sentiments qui furent en Jésus Christ, lequel « s'est anéanti lui-même en prenant la nature d'esclave... en se faisant obéissant jusqu'à la mort » (Ph 2, 7-8), et pour nous « de riche qu'il était se fit pauvre » (2 Co 8, 9). Comme toujours les disciples doivent présenter l'imitation et le témoignage de cette charité et de cette humilité du Christ, notre Mère l'Église se réjouit de trouver dans son sein beaucoup d'hommes et de femmes qui suivent de plus près cet anéantissement du Sauveur et le manifestent plus clairement en embrassant la pauvreté dans la liberté des fils de Dieu et en renonçant à leur propre volonté: c'est-à-dire qu'ils se soumettent pour l'amour de Dieu, en ce qui regarde la perfection, à l'homme au-delà de l'étroite mesure du précepte, afin de se conformer davantage au Christ obéissant[15].

Tous les fidèles donc sont invités et tenus à poursuivre la sainteté et la perfection de leur état. Pour cette fin, qu'ils s'efforcent de diriger loyalement leurs affections, de peur que par l'usage des choses de ce monde et par l'attachement aux richesses, contrairement à l'esprit de la pauvreté évangélique ils ne soient empêchés de tendre vers la charité parfaite; c'est ainsi en effet que l'Apôtre nous met en garde: «Ceux qui usent de ce monde ne doivent pas s'y arrêter; car elle passe, la figure de ce monde» (cf. 1 Co 7, 31 gr[16]).

Chapitre VI

LES RELIGIEUX

43. Les conseils évangéliques de la chasteté consacrée à Dieu, de la pauvreté et de l'obéissance, étant fondés sur les paroles et les exemples du Seigneur et recommandés par les Apôtres, par les Pères, par les docteurs et les Pasteurs de l'Église, sont un don divin que l'Église a reçu de son Seigneur et qu'elle conserve toujours avec sa grâce. L'autorité même de l'Église, sous la direction de l'Esprit Saint, a pris soin de les interpréter, d'en régler la pratique et, également, d'établir les formes stables dans lesquelles ils seront vécus. Il est donc arrivé que, comme un arbre planté par Dieu qui se ramifie d'une manière admirable et variée dans le champ du Seigneur, ont surgi et se sont développées diverses formes de vie solitaire ou en commun et diverses familles, qui fournissent de plus grandes ressources soit pour le profit de leurs membres, soit pour le bien de tout le Corps du Christ[1]. En effet, ces familles procurent à leurs membres le soutien d'une plus grande stabilité dans la manière de vivre, d'une doctrine éprouvée en vue de parvenir à la perfection, d'une communion fraternelle dans la milice du Christ et d'une liberté fortifiée par l'obéissance, en sorte qu'ils peuvent remplir avec

sécurité et garder avec fidélité leur profession religieuse, et marcher joyeusement dans la voie de la charité[2].

Si l'on considère la constitution divine et hiérarchique de l'Église, un tel état n'est pas intermédiaire entre la condition cléricale et la condition laïque; mais, à partir de ces deux conditions, quelques fidèles sont appelés par Dieu à jouir d'un don spécial dans la vie de l'Église et, chacun à sa manière, à aider celle-ci dans sa mission salvatrice[3].

44.   Par les vœux ou d'autres liens sacrés, que leur nature permet de rapprocher des vœux, par lesquels il s'oblige à observer les trois conseils évangéliques déjà nommés, le fidèle se donne totalement à Dieu, souverainement aimé, de manière à être destiné au service et à l'honneur de Dieu, à un titre nouveau et spécial. Déjà, par le baptême, il est mort au péché et consacré à Dieu; mais, pour pouvoir recueillir des fruits plus copieux de la grâce baptismale en professant les conseils évangéliques dans l'Église, il entend se libérer des empêchements qui pourraient le détourner de la ferveur de la charité et de la perfection du culte divin et il se consacre plus intimement au service de Dieu[4]. Et la consécration sera d'autant plus parfaite que seront plus solides et plus stables les liens par lesquels le Christ est représenté indissolublement uni à l'Église son épouse. Étant donné que les conseils évangéliques, par la charité à laquelle ils conduisent[5], relient d'une manière spéciale à l'Église et à son mystère ceux qui les suivent, la vie spirituelle de ces derniers doit être consacrée aussi au bien de toute l'Église. De là découle le devoir de travailler, dans la mesure où on le peut et suivant le genre particu-

lier de vocation, soit par la prière, soit par le travail actif, à enraciner et à consolider dans les âmes le Règne du Christ et à l'étendre dans toutes les parties de la terre. Pour cela, également, l'Église défend et soutient le caractère particulier des divers instituts religieux.

En conséquence, la profession des conseils évangéliques apparaît comme un signe qui peut et doit attirer efficacement tous les membres de l'Église à accomplir avec élan les devoirs de la vocation chrétienne. Puisque, en effet, le Peuple de Dieu ne possède pas ici de cité permanente, mais va à la recherche de la cité future, l'état religieux, qui rend ceux qui le suivent plus libres des soucis terrestres, manifeste davantage à tous les croyants les biens célestes déjà présents en ce monde, témoignage de la vie nouvelle et éternelle acquise par la Rédemption du Christ et annonce la future résurrection et la gloire du Royaume céleste. De la même manière, l'état religieux imite plus fidèlement et sans cesse représente dans l'Église la forme de vie que le Fils de Dieu a embrassée quand il est venu dans le monde pour faire la volonté du Père et qu'il a proposée aux disciples qui le suivaient. Enfin, cet état manifeste d'une manière spéciale que le Royaume de Dieu l'emporte sur toutes les choses terrestres et quelles en sont les exigences suprêmes; il démontre également à tous les hommes la grandeur prééminente de la vertu du Christ lorsqu'il règne et la puissance infinie de l'Esprit Saint qui agit admirablement dans l'Église.

Aussi, l'état qui est constitué par la profession des conseils évangéliques, bien qu'il n'appartienne pas à la structure hiérarchique de l'Église, est cependant lié intimement à sa vie et à sa sainteté.

45.   L'office de la hiérarchie ecclésiastique est de paître le Peuple de Dieu et de le conduire vers des pâturages fertiles (cf. Ez 34, 14), il appartient donc à la hiérarchie de régler avec sagesse par ses lois la pratique des conseils évangéliques qui sont un soutien si singulier de la charité envers Dieu et envers le prochain[6]. En outre c'est elle qui, docile aux impulsions de l'Esprit Saint, accueille les règles proposées par des femmes et des hommes éminents et les approuve authentiquement après que ces règles ont reçu une mise au point ultérieure. Avec son autorité vigilante et protectrice, elle est attentive à suivre les instituts érigés en tous lieux pour l'édification du Corps du Christ, afin qu'ils croissent et fleurissent selon l'esprit des fondateurs.

Afin de pourvoir le mieux possible aux besoins de tout le troupeau du Seigneur, chaque institut de perfection et chacun de ses membres peuvent être exemptés par le Souverain Pontife, en raison de sa primauté sur l'Église universelle et en considération du bien général, de la juridiction de l'Ordinaire du lieu et n'être soumis qu'à lui seul[7]. De la même manière, ils peuvent être laissés ou confiés à leur propre autorité patriarcale. Les religieux eux-mêmes en accomplissant, selon leur genre particulier de vie, le devoir envers l'Église, doivent aux évêques, conformément aux lois canoniques, respect et obéissance à cause de l'autorité pastorale qui appartient aux évêques dans les Églises particulières et en vue de l'unité et de la concorde nécessaires dans le travail apostolique[8].

L'Église, par la sanction de sa loi, ne se contente pas d'élever la profession religieuse à la dignité d'un état canonique, mais, encore par son action liturgique, elle la présente comme un état consacré à Dieu. L'Église même, en effet, avec l'autorité que Dieu lui a confiée, reçoit les vœux de ceux qui font la profession, elle supplie Dieu, par sa prière publique, de les aider et de leur accorder ses grâces, elle les recommande à Dieu et elle leur impartit la bénédiction spirituelle, associant leur oblation au sacrifice eucharistique.

46. Les religieux doivent mettre tous leurs soins pour que grâce à eux l'Église présente chaque jour plus réellement le Christ aux fidèles et aux infidèles, lorsqu'il est en contemplation sur la montagne ou qu'il annonce le Règne de Dieu à la foule, guérit les malades et les blessés, convertit les pécheurs à une meilleure vie, bénit les enfants, fait du bien à tous, par obéissance, toujours, à la volonté du Père qui l'a envoyé[9].

Enfin, tous doivent bien tenir présent que la profession des conseils évangéliques, bien qu'elle comporte le renoncement à des biens certainement très appréciables, ne s'oppose pas au progrès véritable de la personne humaine, mais, par sa nature, le facilite grandement. En fait, les conseils volontairement embrassés selon la vocation particulière à chacun, aident considérablement à la purification du cœur et à la liberté spirituelle. Ils tiennent continuellement allumée la ferveur de la charité et, ainsi qu'il est prouvé par l'exemple de tant de saints fondateurs, ils sont capables de mieux former le chrétien selon le genre de vie virginale et pauvre que le Christ Notre Seigneur choisit pour lui et que la Vierge sa Mère embrassa. Il ne faut pas penser que les religieux, du fait de leur consécration, deviennent étrangers aux hommes et inutiles dans la cité terrestre. Même si, parfois, ils n'apportent pas une aide directe à leurs contemporains, ils les tiennent cependant présents d'une manière plus profonde dans la tendresse du Christ et ils collaborent spirituellement avec eux, afin que l'éducation de la cité terrestre soit toujours fondée dans le Seigneur, et dirigée vers lui, de sorte que ceux qui l'édifient ne travaillent pas en vain[10].

En conséquence, le Saint Concile confirme et loue les hommes et les femmes, Frères et Sœurs qui, dans les monastères, dans les écoles, dans les hôpitaux ou dans les missions, embellissent l'Épouse du Christ par leur persévérante et humble fidélité à la consécration ci-dessus mentionnée et rendent généreusement à tous les hommes les services les plus divers.

47.   Que chacun de ceux qui sont appelés à la profession des conseils prenne les plus grands soins afin de persévérer et d'exceller davantage dans la vocation à laquelle Dieu l'a appelé, pour une plus riche sainteté de l'Église et pour la plus grande gloire de la Trinité, une et indivisible, laquelle, dans le Christ et par le Christ, est la source et l'origine de toute sainteté.

Chapitre VII

CARACTÈRE ESCHATOLOGIQUE DE L'ÉGLISE EN MARCHE ET SON UNION AVEC L'ÉGLISE DU CIEL

48.   L'Église, à laquelle tous nous sommes appelés en Jésus Christ et dans laquelle au moyen de la grâce de Dieu nous acquérons la sainteté, n'aura son accomplissement que dans la gloire du Ciel, lorsque viendra le temps de la restauration de toutes les choses (cf. Ac 3, 21), et que tout l'univers, qui est intimement uni à l'homme et au moyen duquel celui-ci parvient à son but, sera, lui aussi, parfaitement restauré dans le Christ avec le genre humain (cf. Ép 1, 10; Col 1, 20; 2 P 3, 10-13).

Et en vérité quand le Christ fut élevé de terre, il attira tous les hommes à lui (cf. Jn 12, 32 gr.); en ressuscitant des morts (cf. Rm 6, 9) il infusa dans les Apôtres son Esprit vivifiant et par son intermédiaire il constitua son Corps, qui est l'Église, comme sacrement universel du salut; siégeant à la droite du Père, il opère continuellement dans le monde pour conduire les hommes à l'Église et par elle les unir plus étroitement à lui et, avec la nourriture de son propre corps et de son propre Sang, les rendre participants de sa vie glorieuse. Par conséquent la restauration promise que nous attendons a déjà débuté dans le Christ, elle est portée en avant avec l'envoi du Saint-Esprit et par lui continue dans l'Église où par la foi nous sommes instruits même sur le sens de notre vie temporelle, tandis que nous portons à son terme, avec l'espoir des biens futurs, l'œuvre qui nous a été confiée dans ce monde par le Père et que nous accomplissons notre salut (cf. Ph 2, 12).

Déjà donc l'ultime phase des temps a commencé pour nous (cf. 1 Co 10, 11), et la rénovation du monde est irrévocablement établie et, dans un certain sens réel, elle est en ce monde par anticipation: en effet déjà l'Église sur la terre est auréolée de vraie sainteté, si imparfaite que soit celle-ci. Mais tant que ne seront pas les nouveaux cieux et la nouvelle terre, dans lesquels habite la justice (cf. 2 P 3, 13), l'Église pérégrinante dans ses sacrements et dans ses institutions, qui appartiennent à cette phase présente, porte le visage fugace de ce siècle, et elle-même vit parmi les créatures, qui jusqu'à présent sont dans les gémissements et les douleurs de l'enfantement et attendent la révélation des fils de Dieu (cf. Rm 8, 19-22).

Unis donc avec le Christ dans l'Église et marqués par le Saint-Esprit « qui est le gage de notre héritage » (Ép 1, 14), nous sommes appelés fils de Dieu et en vérité nous le sommes (cf. 1 Jn 3, 1); mais nous n'avons pas encore eu la manifestation de la gloire avec le Christ (cf. Col 3, 4), dans laquelle nous serons semblables à Dieu, parce que nous le verrons tel qu'il est (cf. 1 Jn 3, 2). Par conséquent « tant que nous demeurons dans ce corps, nous vivons exilés loin du Seigneur » (2 Co 5, 6) et possédant les prémices de l'esprit, nous gémissons au fond de nous-mêmes (cf. Rm 8, 23) et souhaitons être avec le

Christ (cf. Ph 1, 23). Par la même charité nous sommes stimulés à vivre plus intensément pour lui, qui est mort et qui est ressuscité pour nous (cf. 2 Co 5, 15). Et pour cela nous nous efforçons de plaire au Seigneur (cf. 2 Co 5, 9) et nous nous revêtons de la panoplie de Dieu pour pouvoir faire face aux embûches du diable et résister au jour mauvais (cf. Ép 6, 11-13). Mais comme nous ne connaissons ni le jour ni l'heure, nous devons, selon l'avertissement du Seigneur veiller assidûment afin qu'au terme de notre vie terrestre (cf. He 9, 27), nous méritions d'entrer avec lui au festin nuptial et d'être comptés avec les bienheureux (cf. Mt 25, 31-46), et qu'il ne nous soit pas signifié d'aller finir, comme des serviteurs mauvais et paresseux (cf. Mt 25, 26), dans le feu éternel (Mt 25, 41), dans les ténèbres extérieures où « il y aura des pleurs et des grincements de dents » (Mt 22, 13 et 25, 30). En effet avant de régner avec le Christ glorieux, nous comparaîtrons tous « devant le tribunal du Christ, pour recevoir chacun le salaire du bien ou du mal que nous aurons accompli durant notre vie corporelle » (2 Co 5, 10) et à la fin du monde « ceux qui auront fait le bien en sortiront pour la résurrection de la vie, et ceux qui auront fait le mal, pour la résurrection de la damnation » (Jn 5, 29; cf. Mt 25, 46). Estimant donc que « les souffrances de cette vie ne peuvent se comparer à la gloire qui doit un jour nous être révélée » (Rm 8, 18; cf. 2 Tm 2, 11-12), forts dans la foi nous attendons « le bienheureux objet de notre espérance et la glorieuse manifestation de notre grand Dieu et Sauveur le Christ Jésus » (Tt 2, 13), « qui viendra transformer notre corps humilié, en le rendant semblable à son corps glorieux » (Ph 3, 21), et « viendra se glorifier dans ses saints et s'offrir à l'admiration de tous les fidèles qui auront cru en lui» (2 Tm 1, 19).

49. Ainsi jusqu'à ce que le Seigneur revienne dans sa gloire, escorté de tous ses anges (cf. Mt 25, 31) et, que la mort, une fois détruite, toutes choses lui soient soumises (cf. 1 Co 15, 26-27), certains de ses disciples sont pèlerins sur la terre, d'autres, ayant terminé cette vie, sont en train de se purifier, et d'autres encore jouissent de la gloire, contemplant «clairement Dieu un et trine tel qu'il est[1]»; tous cependant, bien que ce soit à des degrés et sous des modes divers, nous communions dans le même amour de Dieu et du prochain et nous chantons à notre Dieu le même hymne de gloire. En effet tous ceux qui sont du Christ, possédant son Esprit, sont unis en une seule Église et adhèrent les uns aux autres en lui (cf. Ép 4, 16). L'union des voyageurs avec les frères qui se sont endormis dans la paix du Christ n'est donc nullement rompue, au contraire, selon la foi constante de l'Église, elle est consolidée par la communication des biens spirituels[2]. Puisque les bienheureux sont unis plus intimement au Christ, ils renforcent toute l'Église dans la sainteté, ennoblissent le culte qu'elle rend à Dieu ici-bas et, de multiples façons, contribuent à son édification plus ample (cf. 1 Co 12, 12-27[3]). Reçus dans la patrie céleste et présentés au Seigneur (cf. 2 Co 5, 8), par son intermédiaire, avec lui et en lui ils ne cessent d'intercéder pour nous auprès du Père[4], offrant les mérites qu'ils acquirent sur terre par le Christ Jésus, unique Médiateur entre Dieu et les hommes (cf. 1 Tm 2, 5), en servant le Seigneur en toute chose et en achevant ce qui manque aux tribulations du Christ dans leur chair

en faveur de son Corps qui est l'Église (cf. Col 1, 24[5]). Notre faiblesse est donc très soulagée par leur sollicitude fraternelle.

50.   L'Église de ceux qui sont en marche, reconnaissant fort bien cette communion de tout le Corps mystique de Jésus Christ, depuis les premiers temps de la religion chrétienne a cultivé avec beaucoup de piété la mémoire des défunts[6] et, « puisqu'il est saint et salutaire de prier pour les défunts afin qu'ils soient absous de leurs péchés » (2 M 12, 46), elle a même offert pour eux des suffrages. Que les apôtres et les martyrs du Christ, qui par l'effusion de leur sang avaient fourni le témoignage suprême de la foi et de la charité, nous soient plus étroitement unis dans le Christ, cela l'Église l'a toujours cru et, avec une affection particulière, elle les a vénérés en même temps que la Bienheureuse Vierge Marie et les saints anges[7] et elle a pieusement imploré le secours de leur intercession. À ceux-ci ensuite en furent ajoutés d'autres qui avaient de plus près imité la virginité et la pauvreté du Christ[8], et finalement d'autres, que leur remarquable exercice des vertus chrétiennes[9] et des charismes divins recommandait à la pieuse dévotion et à l'imitation des fidèles[10].

En effet, lorsque nous considérons la vie de ceux qui ont fidèlement suivi le Christ, nous nous sentons poussés par une nouvelle raison à rechercher la cité future (cf. He 13, 14 et 11, 10) et en même temps nous est enseignée une voie sûre par laquelle, au milieu des choses changeantes de ce monde, selon l'état et la condition particulière de chacun, nous pourrons arriver à l'union parfaite avec le Christ, c'est-à-dire à la sainteté[11]. Dans la vie de ceux qui, participant de notre nature humaine, sont toutefois plus parfaitement transformés dans l'image du Christ (cf. 2 Co 3, 18), Dieu manifeste vigoureusement aux hommes sa présence et son visage. En eux c'est lui-même qui nous parle et nous montre le signe de son Royaume [12], Royaume vers lequel, ayant autour de nous un tel nombre de témoins (cf. He 12, 1) et une telle affirmation de la vérité de l'évangile, nous sommes puissamment attirés.

Cependant nous ne vénérons pas la mémoire des saints, uniquement pour leur exemple mais plus encore pour que l'union de toute l'Église dans l'Esprit soit consolidée par l'exercice de la charité fraternelle (cf. Ép 4, 1-6). Car, de même que la communion chrétienne entre les voyageurs nous rapproche davantage du Christ, ainsi la communauté de biens avec les saints nous unit au Christ, de qui, comme de la Source et du Chef, découle toute grâce et la vie du Peuple de Dieu [13]. Il est donc extrêmement juste que nous aimions ces amis et cohéritiers de Jésus Christ, qui sont aussi nos frères et de remarquables bienfaiteurs, et que pour eux nous rendions à Dieu de dignes actions de grâces [14], «que nous leur adressions des supplications et recourions à leurs prières et à leur aide puissante pour obtenir de Dieu des grâces par son Fils Jésus Christ, qui seul est notre Rédempteur et Sauveur [15]». En effet, tout témoignage authentique d'amour que nous donnons aux saints, par sa nature tend et aboutit au Christ, qui est «la couronne de tous les saints [16]», et par lui à Dieu, qui est admirable dans ses saints et en eux est glorifié [17].

Mais notre union avec l'Église céleste se réalise de la manière la plus noble, lorsque, spécialement dans la liturgie sacrée, au cours de laquelle la vertu du Saint-Esprit agit sur nous par les signes sacramentels, nous concélébrons dans une exultation fraternelle les louanges de la divine majesté[18], et que tous, de n'importe quelle tribu, langue, peuple et nation, rachetés par le sang du Christ (cf. Ap 5, 9) et rassemblés en une Église unique, en un seul chant de louanges nous glorifions Dieu un et trine. Ainsi quand nous célébrons le sacrifice eucharistique nous nous unissons au plus haut degré avec le culte de l'Église céleste communiant avec elle et vénérant d'abord la mémoire de la glorieuse Marie, toujours Vierge, mais aussi du bienheureux Joseph et des bienheureux apôtres et martyrs et de tous les saints[19].

51.   Cette foi vénérable de nos aînés concernant la communauté vitale des biens qui est constituée avec nos frères qui sont dans la gloire céleste ou avec ceux qui après la mort sont encore en cours de purification, ce Saint Concile la recueille avec grande piété et propose de nouveau les décrets des Sacrés Conciles de Nicée II[20], de Florence[21] et de Trente[22]. Et en même temps, dans sa sollicitude pastorale, il exhorte tous ceux que cela concerne à s'ingénier, si çà et là des abus, des excès ou des défauts se sont infiltrés, à les éliminer ou corriger et à tout rétablir pour une plus grande gloire du Christ et de Dieu. Qu'ils enseignent donc aux fidèles que le vrai culte des saints ne consiste pas tant dans la multiplicité des actes extérieurs que plutôt dans l'intensité de notre amour effectif, de l'amour avec lequel, pour notre plus grand bien et celui de l'Église, nous cherchons « dans la vie des saints un exemple, dans leur communion une participation à leurs

biens et dans leur intercession un secours[23]». Et, d'autre part, qu'ils enseignent aux fidèles que nos relations avec les bienheureux, à condition de les concevoir dans la lumière plus pleine de la foi, ne diminuent en rien le culte d'adoration rendu à Dieu le Père par le Christ dans l'Esprit, mais au contraire l'enrichissent davantage[24].

Nous tous, en effet, qui sommes fils de Dieu et constituons dans le Christ une seule famille (cf. He 3, 67), tandis que nous communions entre nous dans la charité mutuelle et dans l'unique louange de la Très Sainte Trinité, nous correspondons à la vocation intime de l'Église et nous participons, en la goûtant d'avance, à la liturgie de la gloire éternelle[25]. Quand le Christ apparaîtra et que se produira la glorieuse résurrection des morts, la splendeur de Dieu illuminera la Cité céleste et de celle-ci l'Agneau sera le flambeau (cf. Ap 21, 24). Alors toute l'Église des saints dans la suprême félicité de la charité adorera Dieu et «l'Agneau qui a été immolé» (Ap 5, 12), en proclamant d'une seule voix: «À celui qui siège sur le trône et à l'Agneau, louange, honneur, gloire et puissance aux siècles des siècles» (Ap 5, 13-14).

Chapitre VIII

LA BIENHEUREUSE VIERGE MARIE MÈRE DE DIEU DANS LE MYSTÈRE DU CHRIST ET DE L'ÉGLISE

I. *Préambule*

52.   Dieu, très miséricordieux et très sage, voulant accomplir la rédemption du monde, « lorsque les temps ont été révolus, a envoyé son Fils, qui est né d'une femme... afin de faire de nous des fils adoptifs » (Ga 4, 4-5). « Pour nous hommes et pour notre salut il est descendu du ciel et s'est incarné par l'œuvre de l'Esprit Saint dans la Vierge Marie[1]. » Ce divin mystère du salut nous est révélé et se continue dans l'Église que le Seigneur a constituée comme son Corps et dans lequel les fidèles, qui adhèrent au Christ Chef et sont en communion avec tous les saints, doivent également vénérer le souvenir « avant tout de la glorieuse et toujours Vierge Marie, Mère de Dieu et Notre Seigneur Jésus Christ[2] ».

53.   En effet, la Vierge Marie qui, à l'annonce de l'ange accueillit dans le cœur et dans le corps le Verbe de Dieu et apporta la Vie au monde, est reconnue et honorée comme la vraie Mère de Dieu

Rédempteur. Rachetée d'une manière sublime en considération des mérites de son Fils et unie à lui par un lien étroit et indissoluble, elle est revêtue de l'office suprême et de la dignité de Mère du Fils de Dieu et, en conséquence, fille préférée du Père et temple de l'Esprit Saint et, par ce don de grâce suprême, elle dépasse de loin toutes les autres créatures célestes et terrestres. Cependant, elle est en même temps unie à tous les autres hommes qui ont besoin du salut, dans la descendance d'Adam; bien plus, elle est « vraiment Mère des membres (du Christ)... parce qu'elle a coopéré par la charité à la naissance, dans l'Église, des fidèles qui sont les membres de ce Chef[3] ». Pour cela, elle est encore saluée comme un membre suréminent et tout à fait singulier de l'Église et comme la figure et le modèle exemplaire de celle-ci dans la foi et dans la charité, et l'Église catholique, enseignée par l'Esprit Saint, la vénère avec une piété et une affection filiale comme sa mère très aimante.

54.   En conséquence, le Saint Concile, tandis qu'il expose la doctrine regardant l'Église dans laquelle le divin Rédempteur opère le salut, entend mettre soigneusement en lumière la fonction de la Bienheureuse Vierge dans le mystère du Verbe Incarné et du Corps mystique, les devoirs des hommes rachetés envers la Vierge, mère du Christ et mère des hommes, spécialement des fidèles, sans cependant avoir l'intention de proposer la doctrine complète au sujet de Marie, ni de dirimer des questions que le travail des théologiens n'a pas encore complètement élucidées. En conséquence, gardent leurs droits les opinions qui sont librement proposées dans les écoles catholiques au sujet de celle

qui, dans la Sainte Église, occupe, après le Christ, le poste le plus élevé et le plus proche de nous[4].

II. *Rôle de la Sainte Vierge dans l'économie du salut*

55.   Les Saintes Lettres de l'Ancien et du Nouveau Testament, ainsi que la vénérable Tradition, montrent, d'une manière toujours plus claire, le rôle de la Mère du Sauveur dans l'économie du salut et nous la mettent, pour ainsi dire, devant les yeux. Les livres de l'Ancien Testament décrivent l'histoire du salut par laquelle, lentement, se prépare la venue du Christ dans le monde. Ces documents des premiers âges, tels qu'ils sont lus dans l'Église et tels qu'ils sont compris à la lumière de la pleine révélation ultérieure, mettent peu à peu en une lumière toujours plus claire la figure d'une femme: la Mère du Rédempteur. Sous cette lumière, elle est déjà esquissée prophétiquement dans la promesse faite à nos premiers parents tombés dans le péché, de la victoire sur le serpent (cf. Gn 3, 15). Également elle est la Vierge qui concevra et mettra au monde un fils dont le nom sera Emmanuel (cf. Is 7, 14; cf. Mi 5, 2-3; Mt 1, 22-23). Elle est au premier plan parmi les humbles et les pauvres du Seigneur qui attendent, avec confiance, et reçoivent de lui le salut. Et enfin, avec elle, Fille sublime de Sion, après la longue attente de la promesse, les temps s'accomplissent et une nouvelle Économie prend place lorsque le Fils de Dieu prend d'elle, la nature humaine pour libérer l'homme du péché avec les mystères de sa chair.

56.   Le Père des miséricordes a voulu que l'ac-

ceptation de la mère prédestinée précédât l'incarnation, afin que par là, de même qu'une femme avait contribué à donner la mort, de même une femme contribuât à donner la vie. Et cela vaut d'une manière extraordinaire pour la mère de Jésus, qui a donné au monde la Vie même qui renouvelle tout, et qui a été enrichie par Dieu de dons correspondant à une si grande fonction. Il n'est pas étonnant que, chez les saints Pères, prévaut l'usage d'appeler la Mère de Dieu la Toute Sainte, indemne de toute tache du péché, quasi façonnée et formée nouvelle créature par l'Esprit Saint[5]. Ornée, dès le premier instant de sa conception, des splendeurs d'une sainteté tout à fait singulière, la Vierge de Nazareth est, par ordre de Dieu, saluée par l'ange de l'annonciation comme « pleine de grâce » (cf. Lc 1, 28) et au messager céleste elle répond: « Voici la servante du Seigneur, qu'il me soit fait selon ta parole » (Lc 1, 38). Ainsi Marie, fille d'Adam, acquiesçant à la parole divine, est devenue mère de Jésus et de plein cœur, sans être retardée par aucun péché, embrassant la volonté salvatrice de Dieu, elle s'est consacrée totalement comme servante du Seigneur à la personne et à l'œuvre de son Fils, servant le mystère de la Rédemption sous lui et avec lui, par la grâce de Dieu tout-puissant. C'est donc à juste titre que les saints Pères estiment que Marie ne fut pas un instrument uniquement passif dans les mains de Dieu, mais qu'elle coopéra au salut de l'homme avec une foi et une obéissance libres. En fait, comme le dit saint Irénée, « en obéissant, elle est devenue cause du salut pour elle-même et pour tout le genre humain[6] ». Et, avec Irénée, bien des anciens Pères affirment volontiers, dans leur prédication, que « le nœud de la désobéissance d'Ève a été dénoué par l'obéissance de Marie; ce que la vierge Ève lia par son incrédulité, la Vierge Marie le délia par la foi[7]»; et par comparaison avec Ève, ils appellent Marie «mère des vivants[8]», et affirment très souvent: «La mort par le moyen d'Ève, la vie par le moyen de Marie[9].»

57.   Cette union de la Mère et du Fils dans l'œuvre de la Rédemption se manifeste à partir du moment de la conception virginale du Christ jusqu'à la mort de celui-ci et, avant tout, lorsque Marie, rendant visite en hâte à Élisabeth, est proclamée par celle-ci bienheureuse à cause de sa foi dans la promesse du salut et que le précurseur se réjouit dans le sein de sa mère (cf. Lc 1, 41-45).

Ensuite, elle se manifeste dans la nativité, lorsque la Mère de Dieu, toute joyeuse, montre aux bergers et aux mages le Fils, son premier-né, qui n'a pas porté atteinte à sa virginité, mais l'a consacrée[10]. Et quand elle le présenta au Seigneur dans le temple avec l'offrande des pauvres, elle entendit Siméon, annoncer à la fois que le Fils serait un signe de contradiction et qu'une épée transpercerait l'âme de la mère, afin que se révèlent les pensées de beaucoup de cœurs (cf. Lc 2, 34-35). Après avoir perdu l'enfant Jésus et l'avoir cherché avec angoisse, ses parents le trouvèrent, occupé des choses de son Père et ils ne comprirent pas les paroles du Fils. Sa mère, méditative, conservait toutes ces choses dans son cœur (cf. Lc 2, 41-51).

58.   Durant la vie publique de Jésus, sa Mère apparaît d'une manière significative; dès le début, quand, aux noces de Cana de Galilée, émue de compassion, elle conduisit par son intercession Jésus

Messie à commencer les miracles (cf. Jn 2, 1-11). Pendant la prédication de Jésus, elle recueillit les paroles par lesquelles le Fils, plaçant le Royaume au-dessus des rapports et des liens de la chair et du sang, proclama bienheureux ceux qui écoutent et gardent la parole de Dieu (cf. Mc 3, 35 par. Lc 11, 27-28), ainsi qu'elle le faisait fidèlement (cf. Lc 2, 19 et 51). Ainsi même la Bienheureuse Vierge progressa dans le chemin de la foi et conserva fidèlement son union avec son Fils jusqu'à la croix où, non sans un dessein divin, elle se tint (cf. Jn 18, 25), elle souffrit profondément avec son Fils unique et s'associa de toute son âme maternelle à son sacrifice, acquiesçant avec amour à l'immolation de la victime qu'elle avait engendrée et, finalement, le même Christ Jésus mourant sur la croix, la donna comme mère au disciple par ces paroles: « Femme, voici ton fils » (cf. Jn 19, 26-27[11]).

59.   Comme il avait plu à Dieu de ne pas manifester solennellement le mystère du salut humain avant d'avoir envoyé l'Esprit promis par le Christ, nous voyons les Apôtres, avant le jour de la Pentecôte, « persévérant d'un seul cœur dans la prière, en compagnie de quelques femmes, de Marie mère de Jésus et des frères de celui-ci » (Ac 1, 14), et nous voyons aussi Marie implorant par ses prières le don de l'Esprit qui l'avait déjà couverte elle-même de son ombre dans l'Annonciation. Enfin, la Vierge Immaculée, préservée et indemne de toute tache de la faute originelle[12], acheva les cours de sa vie terrestre et fut élevée à la gloire céleste dans son âme et dans son corps[13] et elle fut exaltée par le Seigneur comme Reine de l'univers afin d'être en une conformité plus totale avec son Fils, Seigneur des

seigneurs (cf. Ap 19, 16) et vainqueur du péché et de la mort[14].

III. *La Bienheureuse Vierge et l'Église*

60.   Unique est notre Médiateur, selon la parole de l'Apôtre: «Il n'y a qu'un Dieu et qu'un Médiateur entre Dieu et les hommes, l'Homme-Christ Jésus, qui s'est lui-même donné pour tous comme rançon» (1 Tm 2, 5-6). Le rôle maternel de Marie envers les hommes ne voile ou ne diminue en aucune manière cette médiation unique du Christ, mais en montre l'efficacité. En effet, toute l'influence salutaire de la Bienheureuse Vierge envers les hommes, ne naît pas d'une nécessité quelconque mais du bon plaisir de Dieu et découle de la surabondance des mérites du Christ, s'appuie sur sa médiation et de celle-ci elle dépend et tire toute sa vertu; ainsi elle n'empêche pas le moins du monde l'union immédiate des croyants avec le Christ, mais, au contraire, la facilite.

61.   La Bienheureuse Vierge, prédestinée de toute éternité en même temps que l'Incarnation du Verbe divin comme Mère de Dieu, fut sur cette terre, par disposition de la divine Providence, la noble mère du divin Rédempteur, l'associée singulièrement généreuse plus que tous les autres et l'humble servante du Seigneur. En concevant le Christ, en l'enfantant, en le nourrissant, en le présentant au Père dans le temple, en souffrant avec son Fils mourant sur la croix, elle coopéra, d'une manière toute spéciale, à l'œuvre du Sauveur par l'obéissance, la foi, l'espérance et l'ardente charité

pour instaurer la vie surnaturelle des âmes. Et pour ce motif, elle fut pour nous mère dans l'ordre de la grâce.

62.   Cette maternité de Marie dans l'économie de la grâce se poursuit sans interruption, depuis le moment du consentement qu'elle donna sans hésitation sous la croix, jusqu'à ce que tous les élus soient couronnés pour toujours. En effet, élevée au ciel, elle n'a pas déposé cette fonction salutaire, mais par ses multiples intercessions, elle continue à nous faire obtenir les grâces du salut éternel[15]. Avec sa charité maternelle, elle prend soin des frères de son Fils encore pèlerins, qui cheminent au milieu de dangers et de difficultés, jusqu'à ce qu'ils soient parvenus à la félicité de la patrie. Pour ce motif, la Bienheureuse Vierge est invoquée dans l'Église avec les titres d'Avocate, d'Auxiliatrice, de Secourable et de Médiatrice[16]; cela doit être entendu de manière à ne rien enlever, à ne rien ajouter à la dignité et à l'efficacité du Christ, seul Médiateur[17].

En fait, aucune créature ne peut jamais être comptée sur le même plan que le Verbe Incarné et Rédempteur; mais, comme au sacerdoce du Christ participent d'une certaine manière les ministres sacrés et le peuple fidèle et comme la bonté unique de Dieu est réellement diffusée de diverses façons dans les créatures, de même également la médiation unique du Rédempteur n'exclut pas, mais suscite chez les créatures, une coopération variée qui participe de l'unique source.

C'est cette fonction subordonnée de Marie que l'Église n'hésite pas à professer, dont elle a continuellement l'expérience et qu'elle confie au cœur des fidèles, afin que, soutenus par cette aide maternelle, ils adhèrent plus intimement au Médiateur et Sauveur.

63.   En outre, la Bienheureuse Vierge est liée intimement à l'Église par le don et le rôle de la maternité divine qui l'unit avec le Fils Rédempteur, et par ses grâces singulières et ses fonctions: la Mère de Dieu est la figure de l'Église, comme l'a déjà enseigné saint Ambroise, c'est-à-dire qu'elle l'est dans l'ordre de la foi, de la charité et de l'union parfaite avec le Christ[18]. En effet, dans le mystère de l'Église, laquelle est aussi justement appelée Mère et Vierge, la Bienheureuse Vierge Marie est venue la première, présentant d'une manière éminente et particulière le modèle de la Vierge et de la Mère[19]. Car, par sa foi et son obéissance, elle engendra sur la terre le Fils même de Dieu, sans avoir connu d'homme, mais sous l'ombre de l'Esprit Saint, comme l'Ève nouvelle, qui a cru, non plus à l'ancien serpent, mais au messager de Dieu d'une foi qu'aucun doute n'altéra. Elle enfanta le Fils que Dieu a établi premier-né d'un grand nombre de frères (Rm 8, 29), c'est-à-dire des fidèles, à la génération et à l'éducation desquels elle coopère avec son amour de mère.

64.   L'Église, qui contemple sa sainteté mystérieuse, imite sa charité et accomplit fidèlement la volonté du Père, devient mère, elle aussi, par la parole de Dieu, accueillie avec fidélité. Car, par la prédication et le baptême, elle engendre à la vie nouvelle et immortelle les fils conçus par l'action du Saint-Esprit et nés de Dieu. Elle est la vierge qui maintient intègre et pure la foi donnée à l'Époux

et, à l'imitation de la Mère de son Seigneur, conserve d'une façon virginale, par la vertu de l'Esprit Saint, la foi intègre, l'espérance ferme et la charité sincère[20].

65.   Tandis que l'Église a déjà atteint dans la Très Bienheureuse Vierge la perfection en laquelle elle est sans tache et sans ride (cf. Ép 5, 27), les fidèles s'efforcent encore de croître dans la sainteté par la victoire sur le péché et, pour cela, ils lèvent les yeux vers Marie, laquelle brille comme un modèle de vertu devant toute la communauté des élus. L'Église médite sur elle avec une piété filiale et la contemple dans la lumière du Verbe fait homme, et ainsi, pleine de respect, elle pénètre plus intimement dans le très haut mystère de l'Incarnation et se conforme toujours davantage à son Époux. Marie, en effet, qui, par sa participation intime à l'histoire du salut, unit en elle et reflète pour ainsi dire les données les plus élevées de la foi, lorsqu'elle est l'objet de la prédication et de la vénération, appelle les croyants vers son Fils, vers son sacrifice et vers l'amour du Père. À son tour, l'Église, tandis qu'elle poursuit la gloire du Christ, devient plus semblable à sa figure sublime, progressant continuellement dans la foi, l'espérance et la charité, cherchant et suivant en toutes choses la volonté divine. De là encore vient que l'Église, dans son œuvre apostolique, regarde justement vers celle qui engendra le Christ, conçu précisément par l'Esprit Saint et né de la Vierge afin de naître et grandir également dans le cœur des fidèles par l'intermédiaire de l'Église. La Vierge, en fait, fut dans sa vie un modèle de cet amour maternel dont doivent être animés tous ceux qui, dans la mission apostolique

de l'Église, coopèrent à la régénération des hommes.

IV. *Le culte de la Sainte Vierge dans l'Église*

66.   Marie, qui fut par la grâce de Dieu exaltée, après le Fils, au-dessus de tous les anges et de tous les hommes, comme la Mère Très Sainte de Dieu qui participa aux mystères du Christ, est honorée à juste titre par l'Église d'un culte spécial. Déjà, depuis les temps les plus reculés, la Bienheureuse Vierge est vénérée avec le titre de « Mère de Dieu », et les fidèles suppliants se réfugient sous sa protection dans tous les périls et les nécessités qu'ils rencontrent[21]. C'est surtout à partir du Concile d'Éphèse que le culte du Peuple de Dieu envers Marie crût admirablement en vénération et en amour, en prière et en imitation, selon ses paroles prophétiques: « Toutes les générations m'appelleront bienheureuse, parce que le Tout-Puissant a fait en moi de grandes choses (Lc 1, 48). Ce culte, qui exista toujours dans l'Église, bien qu'il soit tout à fait singulier, diffère essentiellement du culte d'adoration rendu au Verbe Incarné exactement comme au Père et à l'Esprit Saint et il le favorise fortement. En effet, les diverses formes de la dévotion envers la Mère de Dieu que l'Église a approuvées dans les limites de la doctrine sainte et orthodoxe, selon les circonstances de temps et de lieu et selon le caractère et les dispositions des fidèles, font que, tandis que la Mère est honorée, le Fils pour qui tout existe (cf. Col 1, 15-16) et en qui « il a plu au Père éternel de faire résider toute la plénitude » (Col 1, 19), est

reconnu comme il convient, aimé, glorifié et que ses commandements sont observés.

67.   Le Saint Concile enseigne délibérément cette doctrine catholique et, en même temps, exhorte les fils de l'Église à promouvoir généreusement le culte, spécialement le culte liturgique, à l'égard de la Bienheureuse Vierge, à tenir en grande estime les pratiques et les exercices de dévotion à son égard qui sont recommandés depuis des siècles par le Magistère de l'Église, et à maintenir exactement ce qui, dans le passé, a été décidé relativement au culte des images du Christ, de la Bienheureuse Vierge et des saints[22]. En outre il exhorte fortement les théologiens et les prédicateurs de la parole divine à s'abstenir, avec le plus grand soin, de toute fausse amplification, comme de toute étroitesse lorsqu'ils ont à considérer la dignité particulière de la Mère de Dieu[23]. Par l'étude de l'Écriture sainte, des saints Pères, des docteurs et des liturgies de l'Église, étude conduite sous la direction du Magistère, ils doivent expliquer correctement le rôle et les privilèges de la Bienheureuse Vierge qui ont toujours pour but le Christ, origine de toute la vérité, de la sainteté et de la dévotion. Soit dans les paroles, soit dans les faits, ils doivent éviter avec soin tout ce qui pourrait induire en erreur les frères séparés, ou n'importe quelle autre personne, au sujet de la véritable doctrine de l'Église. Les fidèles, à leur tour, doivent se rappeler que la vraie dévotion ne consiste ni dans un sentimentalisme stérile et passager, ni dans une certaine crédulité vaine, mais, au contraire, qu'elle procède de la vraie foi par laquelle nous sommes portés à reconnaître la prééminence de la Mère de Dieu, poussés à

l'amour filial envers notre Mère et à l'imitation de ses vertus.

V. *Marie, signe d'espérance assurée et de consolation pour le Peuple de Dieu en marche*

68.   La mère de Jésus, glorifiée désormais dans le ciel en son corps et en son âme, est l'image et le commencement de l'Église qui doit avoir son accomplissement dans le siècle à venir et c'est ainsi que, sur la terre, jusqu'à ce qu'advienne le jour du Seigneur (cf. 2 P 3, 10), elle brille devant le Peuple de Dieu en marche comme signe d'espérance certaine et de consolation.

69.   C'est une grande joie et une consolation pour ce Saint Concile que même, parmi les frères séparés, il en est qui attribuent à la mère du Seigneur et Sauveur, l'honneur qui lui est dû, spécialement chez les Orientaux qui affluent pour vénérer la Mère de Dieu, toujours Vierge, avec ardeur et dévotion[24]. Que tous les fidèles adressent des prières à la Mère de Dieu et des hommes; à elle qui, par ses prières entoura les prémices de l'Église, et qui, maintenant, est exaltée au-dessus de tous les bienheureux et de tous les anges, pour que dans la communion de tous les saints elle intercède auprès de son Fils jusqu'à ce que toutes les familles des peuples, que celles-ci portent la marche du nom chrétien ou qu'elles ignorent encore leur Sauveur, soient réunies heureusement dans la paix et la concorde en un seul Peuple de Dieu pour la gloire de la très sainte et indivisible Trinité.

Tout l'ensemble et chacun des points qui ont été édictés dans cette constitution ont plu aux Pères. Et Nous, par la puissance apostolique à Nous confiée par le Christ, en union avec les vénérables Pères, Nous les approuvons dans l'Esprit Saint, les décrétons, les établissons et Nous ordonnons que ce qui a été établi en Concile soit promulgué à la gloire de Dieu.

Rome, près St-Pierre, le 21 novembre 1974. Moi Paul Évêque de l'Église catholique.

NOTES

Chapitre I

[1] Cf. S. Cyprianus, *Epist.* 64, 4: PL 3, 1017. CSEL (Hartel), III B, p. 720. S. Hilarius Pict., *In Mt.* 23, 6: PL 9, 1047. S. Augustinus, *passim.* S. Cyrillus Alex., *Glaph, in Gen.* 2, 10: PG 69, 110 A.

[2] Cf. S. Gregorius M., *Hom. in Evang.* 19, 1: PL 76, 1154 B. S. Augustinus, *Serm.* 341, 9, 11: PL 39, 1499 s. S. Io. Damascenus, *Adv. Iconocl.* 11: PG 96, 1357.

[3] Cf. S. Irenæus, *Adv. Hær.* III, 24, 1: PG 7, 966 B; Harvey 2, 131; éd. Sagnard, *Sources Chr.*, p. 398.

[4] S. Cyprianus, *De Orat. Dom.* 23: PL 4, 553; Hartel, III A, p. 285. S. Augustinus, *Serm.* 71, 20, 33: PL 38, 463 s.; S. Io. Damascenus, *Adv. Iconocl.* 12: PG 96, 1358 D.

[5] Cf. Origenes, *In Matth.* 16, 21: PG 13, 1443 C; Tertullianus, *Adv. Marc.* 3, 7: PL 2, 357 C; CSEL 47, 3 p. 386. Pour les documents liturgiques, cf. *Sacramentarium Gregorianum*: PL 78, 160 B. Ou C. Mohlberg, *Liber Sacramentorum romanæ ecclesiæ*, Romæ 1960, p. 111, XC: « Deus, qui ex omni coaptacione sanctorum æternum tibi condis habitaculum... » Hymnes *Urbs Ierusalem beata* dans le Bréviaire monastique et *Cœlestis urbs Ierusalem* dans le Bréviaire Romain.

[6] Cf. S. Thomas, *Summa Theol.* III, q. 62, a. 5, ad 1.

[7] Cf. Pius XII, Litt. Encycl. *Mystici Corporis*, 29 juin 1943: *AAS* 35 (1943), p. 208.

[8] Cf. Leo XIII, Epist. Encycl. *Divinum illud*, 9 mai 1897: *AAS* 29 (1896-97), p. 650. Pius XII, Litt. Encycl. *Mystici Corporis*, l.c., pp. 219-220; Denz. 2288 (3808). S. Augustinus, *Serm.* 268, 2: PL 38, 1232, et aussi S. Io.

Chrysostomus, *In Eph.* Hom. 9, 3: PG 62, 72. Didymus Alex., *Trin.* 2, 1: PG 39, 449 s. S. Thomas, *In Col.* 1, 18, lect. 5; éd. Marietti, II, n° 46: « Sicut constituitur unum corpus ex unitate animæ, ita Ecclesia ex unitate Spiritus... »

[9] Leo XIII, Litt. Encycl. *Sapientiæ christinæ*, 10 janv. 1890: *AAS* 22 (1889-90), p. 392. Id., Epist. Encycl. *Satis cognitum*, 29 juin 1896: *AAS* 28 (1895-96), pp. 710 et 724 ss. Pius XII, Litt. Encycl. *Mystici Corporis*, l.c., pp. 199-200.

[10] Cf. Pius XII, Litt. Encycl. *Mystici Corporis*, l.c., p. 221 ss. Id., Litt. Encycl. *Humani generis*, 12 août 1950: *AAS* 42 (1950), p. 571.

[11] Leo XIII, Epist. Encycl. *Satis cognitum*, l.c., p. 713.

[12] Cf. *Symbolum Apostolicum*: Denz. 6-9 (10-13); *Symb. Nic.-Const.*: Denz. 86 (150); cf. *Prof. fidei Trid.*: Denz. 994 et 999 (1862 et 1868).

[13] On dit « Sancta (catholica apostolica) Romana Ecclesia »: dans *Prof. fidei Trid.*, l.c., et dans Conc. Vat. I, Sess. III, Const. dogm. *De fide cath.*: Denz. 1782 (3001).

[14] S. Augustinus, *Civ. Dei*, XVIII, 51, 2: PL 41, 614.

Chapitre II

[1] Cf. S. Cyprianus, *Epist.* 69, 6: PL 3, 1142 B; Hartel 3 B, p. 754: « inseparabile unitatis sacramentum ».

[2] Cf. Pius XII, Alloc. *Magnificate Dominum*, 2 nov. 1954: *AAS* 46 (1954), p. 669. Litt. Encycl. *Mediator Dei*, 20 nov. 1947: *AAS* 39 (1947), p. 555.

[3] Cf. Pius XI, Litt. Encycl. *Miserentissimus Redemptor*, 8 mai 1928: *AAS* 20 (1928), p. 171 s. Pius XII, Alloc. *Vous nous avez*, 22 septembre 1956: *AAS* 48 (1956), p. 714.

[4] Cf. S. Thomas, *Summa Theol.* III, q. 63, a. 2.

[5] Cf. S. Cyrillus Hieros., *Catech.* 17, de Spiritu Sancto, II, 35-37: PG 33, 1009-1012. Nic. Cabasilas, *De vita in Christo*, lib. III, de utilitate chrismatis: PG 150, 569-580. S. Thomas, *Summa Theol.* III, q. 65, a. 3 et q. 72, a. 1 et 5.

[6] Cf. Pius XII, Litt. Encycl. *Mediator Dei*, 20 nov. 1947: *AAS* 39 (1947), spécialement p. 552 s.

[7] 1 Co 7, 7: « Unusquisque proprium donum (idion charisma) habet ex Deo: alius quidem sic, alius vero sic ». Cf. S. Augustinus, *De Dono Persev.* 14, 37: PL 45, 1015 s.: « Non tantum continentia Dei donum est, sed coniugatorum etiam castitas ».

[8] Cf. S. Augustinus, *De præd. Sanct.* 14, 27: PL 44, 980.

[9] Cf. S. Io. Chrysostomus, *In Io.* Hom. 65, 1: PG 59, 361.

[10] Cf. S. Irenæus, *Adv. Hær.* III, 16, 6: III, 22, 1-3: PG 7, 925 C-926 A et 955 C-958 A; Harvey 2, 87 s. et 120-123; Sagnard, Éd. *Sources Chrét.,* pp. 290-292 et 955 C-372 ss.

[11] Cf. S. Ignatius M., *Ad Rom.,* Præf.: Ed. Funk, I, p. 252.

[12] Cf. S. Augustinus, *Bapt. c. Donat.* V, 28, 39: PL 43, 197: « Certe manifestum est, id quod dicitur, in Ecclesia intus et foris, in corde, non in corpore cogitandum ». Cf. *ib.,* III, 19, 26: col. 152; V, 18, 24: col. 189; *In Io.* Tr. 61, 2: PL 35, 1800, et souvent ailleurs.

[13] Cf. Lc 12, 48: « Omni autem, cui multum datum est multum quæretur ab eo ». Cf. aussi Mt 5, 19-20; 7, 21-22; 25, 41-46; Jc 2, 14.

[14] Cf. Leo XIII, Epist. Apost. *Præclara gratulationis,* 20 juin 1894; *ASS* 26 (1893-94), p. 707.

[15] Cf. Leo XIII, Epist. Encycl. *Satis cognitum,* 29 juin 1896; *ASS* 28 (1895-96), p. 738. Epist. Encycl. *Caritatis studium,* 25 juillet 1898; *ASS* 31 (1898-99), p. 11. Pius XII, Radiomessage *Nell'Alba,* 24 décembre 1941: *AAS* 34 (1942), p. 21.

[16] Cf. Pius XI, Litt. Encycl. *Rerum Orientalium,* 8 sept. 1928: *AAS* 20 (1928), p. 287. Pius XII, Litt. Encycl. *Orientalis Ecclesiæ,* 9 avr. 1944: *AAS* 36 (1944), p. 137.

[17] Cf. Inst. S.S.C.S. Officii, 20 déc. 1949: *AAS* 42 (1950), p. 142.

[18] Cf. S. Thomas, *Summa Theol.* III, q. 8, a. 3, ad 1.

[19] Cf. *Epist.* S.S.C.S. Officii ad Archiep. Boston.: Denz. 3869-72.

[20]Cf. Eusebius Cæs., *Præparatio Evangelica,* 1, 1: PG 21, 28 AB.

[21] Cf. Benedictus XV, Epist. Apost. *Maximum illud*: *AAS* 11 (1919), p. 440, spécialement, p. 451 ss. Pius XI,

Litt. Encycl. *Rerum Ecclesiæ*: *AAS* 18 (1926), pp. 68-69.
Pius XII, Litt. Encycl. *Fidei Donum*, 21 avr. 1957: *AAS* 49
(1957), pp. 236-237.

[22] Cf. *Didachè*, 14: éd. Funk, I, p. 32. S. Iustinus, *Dial.*
41: PG 6, 564. S. Irenæus, *Adv. Hær.* IV, 17, 5; PG 7, 1023;
Harvey, 2, pp. 199 s. Conc. Trid., Sess. 22, cap. 1; Denz.
939 (1742).

Chapitre III

[1] Cf. Conc. Vat. I, Sess. IV, Const. Dogm. *Pastor æter-nus*: Denz. 1821 (3050 s.).

[2] Cf. Conc. Flor., Decretum pro Græcis; Denz. 694
(1307) et Conc. Vat. I, ib.: 1826 (3059).

[3] Cf. *Liber Sacramentorum* S. Gregorii, Præf. in natali
S. Mathiæ et S. Thomæ: PL 78, 51 et 152; cf. Cord. Vat.
lat. 3548, f. 18. S. Hilarius, *In Ps* 67, 10: PL 9, 450; CSEL
22, p. 286. S. Hieronymus, *Adv. Iovin.* 1, 26: PL 23, 247
A. S. Augustinus, *In Ps.* 86, 4: PL 37, 1103. S. Gregorius
M., *Mor. in Iob.*, XXVIII, V: PL 76, 455-456. Primasius,
Comm. in Apoc. V: PL 68, 924 BC. Paschasius Radb., *In
Matth.* L. VIII, cap. 16: PL 120, 561 C. Cf. Leo XIII, Epist.
Et sane, 17 déc. 1888: *ASS* 21 (1888), p. 321.

[4] Cf. Act. 6, 2-6; 11, 30; 13, 1; 14, 23; 20, 17; 1 Th 5,
12-13; Ph 1, 1; Col 4, 11, et *passim*.

[5] Cf. Act. 20, 25-27; 2 Tm 4, 6 s. coll. c. 1 Tm 5, 22; 2 Tm
2, 2; Tt 1, 5; S. Clem. Rom., *Ad Cor.* 44, 3; éd. Funk, I,
p. 156.

[6] S. Clem. Rom., *Ad Cor.* 44, 2; éd. Funk, I, p. 154 s.

[7] Cf. Tertull., *Præcr. Hær.* 32; PL 2, 52 s.; S. Ignatius
M., *passim*.

[8] Cf. Tertull, *Præscr. Hær.* 32; PL 2, 53.

[9] Cf. S. Irenæus, *Adv. Hær.* III, 3, 1; PG 7, 848 A; Har-vey 2, 8; Sagnard, p. 100 s.: « manifestatam ».

[10] Cf. S. Irenæus, *Adv. Hær.* III, 2, 2; PG 7, 847; Harvey
2, 7; Sagnard, p. 100: « custoditur », cf. ib. IV, 26, 2; col.
1053; Harvey 2, 236, necnon IV, 33, 8; col. 1077; Harvey
2, 262.

[11] S. Ign. M., *Philad.*, Præf.; éd. Funk, I, p. 264.

[12] S. Ign. M., *Philad.*, 1, 1; *Magn.* 6, 1; éd. Funk, I, pp. 264 et 234.

[13] S. Clem. Rom., l.c., 42, 3-4; 44, 3-4; 57, 1-2; éd. Funk, I, 152, 156, 171 s. S. Ign. M., *Philad.* 2; *Smyrn.* 8; *Magn.* 3; *Trall.* 7; éd. Funk, I, p. 265 s.; 282; 232; 246 s., etc.; S. Justinus, *Apol.*, 1, 65; PG 6, 428; S. Cyprianus, *Epist.*, *passim.*

[14] Cf. Leo XIII, Epist. Encycl. *Satis cognitum*, 29 juin 1896: *ASS* 28 (1895-96), p. 732.

[15] Cf. Conc. Trid., Sess. 23, Decr. *De sacr. Ordinis*, cap. 4: Denz. 960 (1768); Conc. Vat. I, Sess. 4, Const. Dogm. I *De Ecclesia Christi*, cap. 3. Denz. 1828 (3061). Pius XII, Litt. Encycl. *Mystici Corporis*, 29 juin 1943: *AAS* 35 (1943), pp. l209 et 121. *Cod. Iur. Can.*, c. 329 § 1.

[16] Cf. Leo XIII, Epist. *Et sane*, 17 déc. 1888: *ASS* 21 (1888), pp. 321 s.

[17] S. Leo M., *Serm.* 5, 3: PL 54, 154.

[18] II Conc. Trid., Sess. 23, cap. 3, cite les paroles 2 Tm 1, 6-7, pour démontrer que l'Ordre est un vrai sacrement: Denz. 959 (1766).

[19] In *Trad. Apost.* 3, éd. Botte, *Sources Chr.*, pp. 27-30, aux Évêques on attribue « primatus sacerdotii ». Cf. *Sacramentarium Leonianum*, éd. C. Mohlberg, *Sacramentarium Veronense*, Romæ, 1955, p. 119: « ad summi sacerdotii ministerium... Comple in sacerdotibus tuis mysterii tui summam... ». Idem, *Liber Sacramentorum Romanæ Ecclesiæ*, Romæ, 1960, pp. 121-122: « Tribuas eis, Domine, cathedram episcopalem ad regendam Ecclesiam tuam et plebem universam ». Cf. PL 78, 224.

[20] *Trad. Apost.* 2, éd. Botte, p. 27.

[21] Le Concile de Trente, Sess. 23, c. 4, enseigne que le sacrement de l'Ordre imprime un caractère indélébile: Denz. 960 (1767). Cf. Jean XXIII, Alloc. *Jubilate Deo*, 8 mai 1960: *AAS* 52 (1960), p. 466. Paul VI, Homélie dans la Basilique vaticane, 20 octobre 1963: *AAS* 55 (1963), p. 1014.

[22] S. Cyprianus, *Epist.* 63, 14: PL 4, 386; Hartel, III B, p. 713: « Sacerdos vice Christi vere fungitur ». S. Io. Chrysostomus, *In 2 Tm* Hom. 2, 4: PG 62, 612: Sacerdos est « symbolon » Christi. S. Ambrosius, *In Ps* 38, 25-26: PL 14, 1051-52: CSEL 64, 203-204. Ambrosiaster, *In 1 Tm* 5,

19: PL 17, 479 C et *In Ép* 4, 11-12: col. 287. C. Theodorus Mops., *Hom. Catech.* XV, 21 et 24: éd. Tonneau, pp. 497 et 503. Hesychius Hieros., *In Lv* L. 2, 9, 23: PG 93, 894 B.

23 Cf. Eusebius, *Hist. Eccl.*, V, 24, 10: GCS II, 1, p. 495; éd. Bardy, *Sources Chr.* II, p. 69. Dionysius, dans Eusebius *ib.* VII, 5, 2: GCS II, 2, pp. 638 s.; Bardy, II, pp. 168 s.

24 Cf. sur les anciens Conciles, Eusebius, *Hist. Eccl.* V, 23-24: GCS II, 1, pp. 488 ss.; Bardy, II, pp. 66 ss. et *passim.* Conc. Œc. Decr. p. 7.

25 Tertullianus, *De Ieiunio*, 13: PL 2, 972 B; CSEL 20, p. 292, lin. 13-16.

26 S. Cyprianus, *Epist.* 56, 3: Hartel, III B, p. 650; Bayard, p. 154.

27 Cf. la Relation officielle Zinelli, dans Conc. Vat. I: Mansi 52, 1109 C.

28 Cf. Conc. Vat. I, Schema Const. dogm. II, *De Ecclesia Christi*, c. 4: Mansi 53, 310. Cf. Relation Kleutgen sur le Schéma réformé: Mansi 53, 321 B — 322 B et déclaration Zinelli: Mansi 52, 1110 A. Voir aussi S. Leone M., *Serm.* 4, 3: PL 54, 151 A.

29 Cf. *Cod. Iur. Can.*, c. 227.

30 Cf. Conc. Vat. I, Const. Dogm. *Pastor æternus*: Denz. 1821 (3050 s.).

31 Cf. S. Cyprianus, *Epist.* 66, 8: Hartel III, 2, p. 733: «Episcopus in Ecclesia et Ecclesia in Episcopo».

32 Cf. S. Cyprianus, *Epist.* 55, 24: Hartel, p. 642, lin. 13: «Una Ecclesia per totum mundum in multa membra divisa». *Epist.* 36, 4: Hartel, p. 575, lin. 20-21.

33 Cf. Pius XII, Litt. Encycl. *Fidei Donum*, 21 avril 1957: *AAS* 49 (1957), p. 237.

34 Cf. S. Hilarius Pict., *In Ps* 14, 3: PL 9, 206; CSEL 22, p. 86. S. Gregorius M., *Moral.* IV, 7, 12: PL 75, 643 C. Ps. Basilius, *In Is* 15, 296: PG 30, 637 C.

35 S. Cœlestinus, *Epist.* 18, 1-2, ad Conc. Eph.: PL 50, 505 AB; Schwartz, *Acta Conc. Œc.* 1, 1, 1, p. 22. Cf. Benedictus XV, Epist. Apost. *Maximum illud*: AAS 11 (1919), p. 440. Pius XI, Litt. Encycl. *Rerum Ecclesiæ*, 28 févr. 1926: *AAS* 18 (1926), p. 69. Pius XII, Litt. Encycl. *Fidei Donum*, l.c.

[36] Leo XIII, Litt. Encycl. *Grande munus,* 30 sept. 1880: *ASS* 13 (1880), p. 145. Cf. *Cod. Iur. Can.,* c. 1327; c. 1350, § 2.

[37] Sur les droits des sièges patriarcaux cf. Conc. Nicænum, can. 6 sur Alexandrie et Antioche, et can. 7 sur Jérusalem: *Conc. Œc. Decr.,* p. 8. Conc. Later. IV, année 1215, Constit. V: *De dignitate Patriarcharum*: ibid. p. 212. Conc. Ferr.-Flor.: ibid. p. 504.

[38] Cf. *Cod. Iuris pro Eccl. Orient.,* c. 216-314: de Patriarchis; c. 324-339: de Archiepiscopis maioribus; c. 362-391: de aliis dignitariis; in specie, c. 238 § 3; 216; 240; 251; 255: de Episcopis a Patriarcha nominandis.

[39] Cf. Conc. Trid., Decr. de reform., Sess. V, c. 2, n° 9; et Sess. XXIV, can. 4; *Conc. Œc. Decr.* pp. 645 et 739.

[40] Cf. Conc. Vat. I, Const. dogm. *Dei Filius,* 3: Denz. 1712 (3011). Cf. note jointe au Schéma I *De eccl.* (prise à saint Rob. Bellarmin): Mansi 51, 579 C; et aussi le Schéma reformatum Const. II De Ecclesia Christi, avec le commentaire de Kleutgen: Mansi 53, 313 AB. Pius IX, Epist. *Tuas libenter*: Denz. 1683 (2879).

[41] Cf. *Cod. Iur. Can.,* c. 1322-1323.

[42] Cf. Conc. Vat. I, const. dogm. *Pastor Æternus*: Denz. 1839 (3074).

[43] Cf. l'explication de Gasser dans Conc. Vat. I: Mansi 52, 1213 AC.

[44] Gasser, ib.: Mansi 1214 A.

[45] Gasser, ib.: Mansi 1215 CD, 1216-1217 A.

[46] Gasser, ib.: Mansi 1213.

[47] Conc. Vat. I, Const. dogm. *Pastor Æternus,* 4: Denz. 1836 (3070).

[48] Prière de la consécration épiscopale dans le rite byzantin: *Euchologion to mega,* Romæ, 1873, p. 139.

[49] Cf. S. Ignatius M., *Smyrn.* 8, 1: éd. Funk, I, p. 282.

[50] Cf. *Ac* 8, 1; 14, 22-23; 20, 17, et *passim.*

[51] Oraison mozarabe: PL 96, 759 B.

[52] Cf. S. Ignatius M., *Smyrn.* 8, 1: éd. Funk, I, p. 282.

[53] S. Thomas, *Summa Theol.* III, q. 73, a. 3.

[54] Cf. S. Augustinus, *C. Faustum,* 12, 20: PL 42, 265; *Serm.* 57, 7: PL 38, 389, etc.

[55] S. Leo M., *Serm.* 63, 7: PL 54, 357 C.

56 *Traditio Apostolica Hippolyti*, 2-3: éd. Botte, pp. 26-30.

57 Cf. le texte de l'*examen* au début de la consécration épiscopale, et l'*Oratio* à la fin de la Messe de la même consécration, après le *Te Deum*.

58 Benedictus XIV, Br. *Romana Ecclesia*, 5 oct. 1752, § 1: *Bullarium Benedicti* XIV, t. IV, Romæ, 1758, 21: « Episcopus Christi typum gerit, Eiusque munere fungitur ». Pius XII, Litt. Encycl. *Mystici Corporis*, l.c., p. 211: « Assignatos sibi greges singuli singulos Christi nomine pascunt et regunt ».

59 Leo XIII, Epist. Encycl. *Satis cognitum*, 29 juin 1896: *ASS* 28 (1895-96), p. 732. Idem, Epist. *Officio sanctissimo*, 22 déc. 1887: *ASS* 20 (1887), p. 264. Pius IX, Litt. Apost. aux Évêques d'Allemagne, 12 mars 1875, et Alloc. Conc. 15 mars 1875: Denz. 3112-3117, dernière édition.

60 Conc. Vat. I, Const. dogm. *Pastor Ætrnus*, 3: Denz. 1828 (3061). Cf. Relation Zinelli: Mansi 52, 1114 D.

61 Cf. S. Ignatius M., *Ad Ephes*. 5, 1: éd. Funk, I, p. 216.

62 Cf. S. Ignatius M., *Ad Ephes*. 6, 1: éd. Funk, I, p. 218.

63 Cf. Conc. Trid., Sess. 23, *De sacr. Ordinis*, cap. 2: Denz. 958 (1765), et can. 6: Denz. 966 (1776).

64 Cf. Innocentius I, *Epist. ad Decentium*: PL 20, 554 A; Mansi 3, 1029; Denz. 98 (215): « Presbyteri, licet secundi sint *sacerdotes*, pontificatus tamen *apicem* non habent ». S. Cyprianus, *Epist*. 61, 3: éd. Hartel, p. 696.

65 Cf. Conc. Trid., l.c., Denz. 956a-968 (1763-1778), et en particulier can. 7: Denz. 967 (1777). Pius XII, Const. Apost. *Sacramentum Ordinis*: Denz. 2301 (3857-3861).

66 Cf. Innoncentius I, l.c. S. Gregorius Naz., *Ap 2*, 22: PG 35, 432 B. Ps.-Dionysius, *Eccl. Hær.*, 1, 2: PG 3, 372 D.

67 Cf. Conc. Trid., Sess. 22: Denz. 940 (1743). Pius XII, Litt. Encycl. *Mediator Dei*, 20 nov. 1947: *AAS* 39 (1947), p. 553; Denz. 2300 (3850).

68 Cf. Conc. Trid., Sess. 22: Denz. 938 (1739-40). Conc. Vat. II, Const. *De Sacra Liturgia*, n° 7 et n° 47.

69 Cf. Pius XII, Litt. Encycl. *Mediator Dei*, l.c., n° 67.

70 Cf. S. Cyprianus, *Epist*. 11, 3: PL 4, 242 B; Hartel, II, 2, p. 497.

[71] *Ordo consecrationis sacerdotalis*, à l'imposition des ornements.

[72] *Ordo consecrationis sacerdotalis*, dans la *Préface*.

[73] Cf. S. Ignatius M., *Philad.* 4: éd. Funk, I, p. 266. S. Cornelius I, apud S. Cyprianum, *Epist.* 48, 2: Hartel, III, 2, p. 610.

[74] *Constitutiones Ecclesiæ ægyptiacæ*, III, 2: éd. Funk, *Didascalia*, II, p. 103. *Statuta Eccl. Ant.* 37-41: Mansi 3, 954.

[75] S. Polycarpus, *Ad. Phil.* 5, 2: éd. Funk, I, p. 300: on dit du Christ « omnium diaconus factus ». Cf. Didachè, 15, 1: ib., p. 32. S. Ignatius M., *Trall.* 2, 3: ib., p. 242. *Constitutiones Apostolorum*, 8, 28, 4: éd. Funk, *Didascalia*, I, p. 530.

Chapitre IV

[1] S. Augustinus, *Serm.* 340, 1: PL 38, 1483.

[2] Cf. Pius XI, Litt. Encycl. *Quadragesimo anno*, 15 mai 1931: *AAS* 23 (1931), pp. 221 s. Pius XII, Alloc. *De quelle consolation*, 14 oct. 1951: *AAS* 43 (1951), pp. 790 s.

[3] Cf. Pius XII, Alloc. *Six ans se sont écoulés*, 5 oct. 1957: *AAS* 49 (1957), p. 927.

[4] De la *Préface* du Christ Roi.

[5] Cf. Leo XIII, Epist. Encycl. *Immortale Dei*, 1 nov. 1885: *ASS* 18 (1855), pp. 166 ss. Idem, Litt. Encycl. *Sapientiæ christianæ*, 10 janv. 1890: *ASS* 22 (1889-90), pp. 397 ss. Pius XII, Alloc. *Alla vostra filiale*, 23 mars 1958: *AAS* 50 (1958), p. 220: « la saine et légitime laïcité de l'État ».

[6] *Cod. Iur. Can.*, can. 682.

[7] Cf. Pius XII, Alloc. *De quelle consolation*, l.c., p. 789: « Dans les batailles décisives, c'est parfois du front que partent les plus heureuses initiatives... » Idem, Alloc. *L'importance de la presse catholique*, 17 févr. 1950: *AAS* 42 (1950), p. 256.

[8] Cf. 1 Th 5, 19, et 1 Jn 4, 1.

[9] *Epist. ad Diognetum*, 6: éd. Funk, I, p. 400. Cf. S. Io. Chrysostomus, *In Matth.* Hom. 46 (47), 2: PG 58, 478, sur le levain dans la pâte.

Chapitre V

[1] Missel Romain, *Gloria in excelsis*. Cf. Lc 1, 35; Mc 1, 24; Lc 4, 34; Jn 6, 69 (ho hagios tou Theou); Ac 3, 14; 4, 27 et 30; He 7, 26; 1 Jn 2, 20; Ap 3, 7.

[2] Cf. Origenes, *Comm. Rom.* 7, 7: PG 14, 1122 B. Ps.-Macarius, *De Oratione*, 11: PG 34, 861 AB. S. Thomas, *Summa Theol.* II-II, q. 184, a. 3.

[3] Cf. S. Augustinus, *Retract.* II, 18: PL 32, 637 s. Pius XII, Litt. Encycl. *Mystici Corporis*, 29 juin 1943: *AAS* 35 (1943), p. 225.

[4] Cf. Pius XI, Litt. Encycl. *Rerum omnium*, 26 janv. 1923: *AAS* 15 (1923), p. 50 et pp. 59-60. Litt. Encycl. *Casti Connubii*, 31 déc. 1930: *AAS* 22 (1930), p. 548. Pius XII, Const. Apost. *Provida Mater*, 2 févr. 1947: *AAS* 39 (1947), p. 117. Alloc. *Annus sacer*, 8 déc. 1950: *AAS* 43 (1951), pp. 27-28. Alloc. *Nel darvi*, 1 juillet 1957: *AAS* 48 (1956), pp, 574 s.

[5] Cf. S. Thomas, *Summa Theol.* II-II, q. 184, a. 5 et 6. *De perf. vitæ spir.*, c. 18. Origenes, *In Is.* Hom. 6, 1: PG 13, 239.

[6] Cf. S. Ignatius M., *Magn.* 13, 1: éd. Funk, I, p. 241.

[7] Cf. S. Pius X, Exhort. *Hærent animo*, 4 août 1908: *ASS* 41 (1908), pp. 560 s. *Cod. Iur. Can.*, can. 124. Pius XI, Litt. Encycl. *Ad catholici sacerdotii*, 20 déc. 1935: *AAS* 28 (1936), pp. 22 s.

[8] *Ordo consecrationis sacerdotalis*, exhortation initiale.

[9] Cf. S. Ignatius M., *Trall.* 2, 3: éd. Funk, I, p. 244.

[10] Cf. Pius XII, Alloc. *Sous la maternelle protection*, 9 déc. 1957: *AAS* 50 (1958), p. 36.

[11] Pius XI, Litt. Encycl. *Casti Connubii*, 31 déc. 1930: *AAS* 22 (1930), pp. 548 s. Cf. S. Io. Chrysostomus, *In Ephes.* Hom. 20, 2: PG 62, 136 ss.

[12] Cf. S. Augustinus, *Enchir.* 121, 32: PL 40, 288. S. Thomas, *Summa Theol.* II-II, q. 184, a. 1. Pius XII, Exhort. Apost. *Menti notræ*, 23 sept. 1950: *AAS* 42 (1950), p. 660.

[13] Sur les conseils en général, cf. Origenes, *Comm. Rom.* X, 14; PG 14, 1275 B. S. Augustinus, *De S. Virginitate*, 15, 15: PL 40,403. S. Thomas, *Summa Theol.* IJ-II, q. 100, a. 2 C (à la fin): II-II, q. 44, a. 4, ad 3.

[14] Sur l'excellence de la sainte virginité, cf. Tertullianus, *Exhort. Cast.* 10: PL 2, 925 C. S. Cyprianus, *Hab. Virg.* 3 et 22: PL 4, 443 B et 461 A s. S. Athanasius (?), *De Virg.*: PG 28, 252 ss. S. Io. Chrysostomus, *De Virg.*: PG 48, 533 ss.

[15] Sur la pauvreté d'esprit, cf. Mt 5, 3 et 19, 21; Mc 10, 21; Lc 18, 22; sur l'obéissance est rappelé l'exemple du Christ dans Jn 4, 34 et 6, 38; Ph 2, 8-10; He 10, 5-7. Les Pères et les fondateurs d'Ordres en parlent continuellement.

[16] Sur la pratique effective des conseils évangéliques qui n'est pas imposée à tous, cf. S. Io. Chrysostomus, *In Matth.* Hom. 7, 7: PG 57, 81 s. S. Ambrosius, *De Viduis*, 4, 23: PL 16, 241 s.

Chapitre VI

[1] Cf. Rosweydus, *Vitæ Patrum*, Antwerpiæ, 1628. *Apophtegmata Patrum*: PG 65. Palladius, *Historia Lausiaca*: PG 34, 995 ss.; éd. C. Butler, Cambridge 1898 (1904). Pius XI, Const. Apost. *Umbratilem*, 8 juillet 1924; *AAS* 16 (1924), pp. 386-387. Pius XII, Alloc. *Nous sommes heureux*, 11 avr. 1958: *AAS* 50 (1958), p. 283.

[2] Paulus VI, Alloc. *Magno gaudio*, 23 mai 1964: *AAS* 56 (1964), p. 566.

[3] Cf. *Cod. Iur. Can.*, 487 et 488, 4°. Pius XII, Alloc. *Annus sacer*, 8 déc. 1950: *AAS* 43 (1951), pp. 27 s. Pius XII, Const. Apost. *Provida Mater*, 2 févr. 1947: *AAS* 39 (1947), pp. 120 ss.

[4] Paulus VI, l.c., p. 567.

[5] Cf. S. Thomas, *Summa Theol.* II-II, q. 184, a. 3 et q. 188, a. 2. S. Bonaventura, Opusc. XI, *Apologia Pauperum*, c. 3, 3: éd. Opera, Quaracchi, t. 8, 1898, p. 245 a.

[6] Cf. Conc. Vat. I, Schéma *De Ecclesia Christi*, cap. XV, et Adnot. 48: Mansi 51, 549 s. et 619 s. Leo XIII, Epist. *Au milieu des consolations*, 23 déc. 1900: *ASS* 33 (1900-01), p. 361. Pius XII, Const. Apost. *Provida Mater*, l.c., pp. 114 s.

[7] Cf. Leo XIII, Const. *Romanos Pontifices*, 8 mai 1881:

ASS 13 (1880-81), p. 483. Pius XII, Alloc. *Annus sacer,* 8 déc. 1950: *AAS* 43 (1951), pp. 28 s.

8 Cf. Pius XII, Alloc. *Annus sacer,* l.c., p. 28. Pius XII, Const. Apost. *Sedes Sapientiæ,* 23 mai 1956: *AAS* 48 (1956), p. 355. Paulus VI, l.c., pp. 570-571.

9 Cf. Pius XII, Litt. Encycl. *Mystici Corporis,* 29 juin 1943: *AAS* 35 (1943), pp. 214 s.

10 Cf. Pius XII, Alloc. *Annus sacer,* l.c., p. 30. Alloc. *Sous la maternelle protection,* 9 déc. 1957: *AAS* 50 (1958), pp. 39 s.

Chapitre VII

1 Conc. Florentinum, *Decretum pro Græcis*: Denz. 693 (1305).

2 Outre les documents plus anciens contre toute forme d'évocation des esprits, cf. S.S.C.S. Officii, *De magnetismi absu,* 4 août 1956: *AAS* (1865), pp. 177-178, Denz. 1653-1654 (2823-2825); réponse de S.S.C.S. Officii, 24 avr. 1817: *AAS* 9 (1917), p. 268, Denz. 2182 (3642).

3 Voir l'exposé synthétique de cette doctrine paulinienne dans: Pius XII, Litt. Encycl. *Mystici Corporis*: *AAS* 35 (1943), p. 200 et *passim.*

4 Cf. i. a., S. Augustinus, *Enarr. in Ps* 85, 24: PL 37, 1099. S. Hieronymus, *Liber contra Vigilantium,* 6: PL 23, 344. S. Thomas. *In 4 Sent.,* d. 45, q. 3, a. 2. S. Bonaventura, *In 4m Sent.,* d. 45, a. 3. q. 2; etc.

5 Cf. Pius XII, Litt. Encycl. *Mystici Corporis*: *AAS* 35 (1943), p. 245.

6 Cf. de nombreuses inscriptions dans les Catacombes romaines.

7 Cf. Gelasius I, Decretalis *De libris recipiendis,* 3: PL 59, 160, Denz. 165 (353).

8 Cf. S. Methodius, *Symposion,* VII, 3: CGS (Bonwetsch), p. 74.

9 Cf. Benedictus XV, *Decretum approbationis virtutum in Cause beatificationis et canonizationis Servi Dei Ioannis Nepomuceni Neumann*: *AAS* 14 (1922), p. 23; nombre d'allocutions de Pie XI sur les Saints: *Inviti all'eroismo.*

Discorsi... t. I-III, Romæ 1941-1942, *passim*; Pius XII, *Discorsi e Radiomessaggi*, t. 10, 1949, pp. 37-43.

[10] Cf. Pius XII, Litt Encycl. *Mediator Dei*: AAS 39 (1947), p. 581.

[11] Cf. He 13, 7; Eccli. 44-50; He 11, 3-40; Cf. aussi Pie XII, Litt. Encycl. *Mediator Dei*: AAS 39 (1947), pp. 582-583.

[12] Cf. Conc. Vaticanum I, Const. *De fide catholica*, cap. 3: Denz. 1794 (3013).

[13] Cf. Pius XII, Litt. Encycl. *Mystici Corporis*: AAS 35 (1943), p. 216.

[14] Sur la gratitude envers les Saints, cf. E. Diehl, *Inscriptiones latinæ christinæ veteres*, I, Berolini, 1925, nos 2008, 2382 et *passim*.

[15] Conc. Tridentinum, Sess. 25, *De invocatione... Sanctorum*: Denz. 984 (1821).

[16] Bréviaire Romain, *invitatorium in festo Sanctorum Omnium*.

[17] Cf. par ex. 2 Th 1, 10.

[18] Conc. Vaticanum II, Const. *De Sacra Liturgia*, cap. 5, n° 104.

[19] *Canon* de la Messe Romaine.

[20] Conc. Nicænum II, Act. VII: Denz. 302 (600).

[21] Conc. Florentinum, *Decretum pro Græcis*: Denz. 693 (1304).

[22] Conc. Tridentinum, Sess. 35, *De invocatione, veneratione et reliquiis Sanctorum et sacris imaginibus*: Denz. 984-988 (1821-1824); Sess. 25, *Decretum de Purgatorio*: Denz. 983 (1820); Sess. 6, *Decretum de iustificatione*, can. 30: Denz. 840 (1580).

[23] De la *Préface* concédée à quelques diocèses.

[24] Cf. S. Petrus Canisius, *Catechismus Maior seu Summa Doctrinæ christianæ*, chap. III (éd. crit. F. Streicher), partie I, pp. 15-16, n° 44 et pp. 100-101, n° 49.

[25] Cf. Conc. Vaticanum II, Const. *De Sacra Liturgia*, cap. 1, n° 8.

Chapitre VIII

[1] *Credo* dans la Messe Romaine: Symbolum Constantino-politanum: Mansi 3, 566. Cf. Conc. Ephesinum, ib.

4, 1130 (voir aussi ib. 2, 665 et 4, 1071); Conc. Charcedo-
nense, ib. 7, 111-116; Conc. Constantinopolitanum II,
ib. 9, 375-396.

[2] *Canon* de la Messe Romaine.

[3] S. Augustinus, *De S. Virginitate*, 6: PL 40, 399.

[4] Cf. Paulus Pp. VI, *Allocutio in Concilio*, 4 déc. 1963:
AAS 56 (1964), p. 37.

[5] Cf. S. Germanus Const., *Hom. in Annunt. Deiparæ*:
PG 98, 328 A; *In Dorm.* 2: col. 357. Anastasius Antioch,
Serm. 2 de Annunt., 2: PG 89, 1377 AB; *Serm.* 3. 2: col.
1388 C. S. Andreas Cret., *Can. in B. V. Nat.* 4: PG 97, 1321
B. *In B. V. Nat.* 1: col. 812 A. *Hom. in dorm.* 1: col. 1068
C. S. Sophronius, *Or. 2 in Annunt.*, 18: PG 87 (3), 3237 BD.

[6] S. Irenæus, *Adv. Hær.* III, 22, 4: PG 7, 959 A; Harvey,
2, 123.

[7] S. Irenæus, *ib.*; Harvey, 2, 124.

[8] S. Epiphanius, *Hær.* 78, 18: PG 42, 728 CD — 729 AB.

[9] S. Hieronymus, *Epist.* 22, 21: PL 22, 408. Cf. S. Augustinus, *Serm.* 51, 2, 3: PL 38, 335; *Serm.* 232, 2: col. 1108.
S. Cyrillus Hieros., Catech. 12, 15: PG 33, 741 AB. S. Io.
Chrysostomus, *In Ps* 44, 7: PG 55, 193. S. Io. Damascenus, *Hom.* 2 *in dorm. B.V.M.*, 3: PG 96, 728.

[10] Cf. Conc. Lateranense de 649, Can. 3: Mansi 10, 1151.
S. Leo M., *Epist. ad Flav.*: PL 54, 759. Conc. Chalcedo-
nense: Mansi 7, 462. S. Ambrosius, *De inst. virg.*: PL 16,
320.

[11] Cf. Pius XII, Litt. Encycl. *Mystici Corporis*, 29 juin
1943: *AAS* 35 (1943), pp. 247-248.

[12] Cf. Pius IX, Bulle *Ineffabilis*, 8 déc. 1854: *Acta Pii
IX*, 1, I, p. 616; Denz. 1641 (2803).

[13] Cf. Pius XII, Const. Apost. *Munificentissimus*, 1 nov.
1950: *AAS* 42 (1950); Denz. 2333 (3903). Cf. S. Io. Damascenus, *Enc. in dorm. Dei genitricis*, Hom. 2 et 3: PG 96,
721-761, spécialement col. 728 B. S. Germanus Constantinop., *In S. Dei gen. dorm.* Serm. 1: PG 98 (6), 340-348;
Serm. 3: col. 361. S. Modestus Hier., *In dorm. SS. Deiparæ*: PG 86 (2), 3277-3312.

[14] Cf. Pius XII, Litt. Encycl. *Ad cæli Reginam*, 11 oct.
1954: *AAS* 46 (1954), pp. 633-636; Denz. 3913 ss. Cf. S.
Andreas Cret., *Hom. 3 in dorm. SS. Deiparæ*: PG 97,

1089-1109. S. Io. Damascenus, *De fide orth.*, IV, 14: PG 94, 1153-1161.

[15] Cf. Kleutgen, texe réformé *De mysterio Verbi incarnati*, c. IV: Mansi 53, 290. Cf. S. Andreas Cret., *In nat. Mariæ*, sermo 4: PG 97, 865 A. S. Germanus Constantinop., *In annunt. Deiparæ* P: PG 98, 321 BC. *In dorm. Deiparæ*, III: col. 361 D. S. Io. Damascenus, *In dorm. B. V. Mariæ*, Hom. 1, 8: PG 96, 712 BC — 713 A.

[16] Cf. Leo XIII, Litt. Encycl. *Adiutricem populi*, 5 sept. 1895: *AAS* 15 (1895-96), kp. 303. S. Pius X, Litt. Encycl. *Ad diem illum*, 2 févr. 1904: *Acta*, I, p. 154; Denz. 1978 à (3370). Pius XI, Litt. Encycl. *Miserentissimus*, 8 mai 1928: *AAS* 20 (1928), p. 178. Pius XII, *Radiomessaggio*, 13 mai 1946: *AAS* 38 (1946), p. 266.

[17] S. Ambrosius, *Epist.* 63: PL 16, 1218.

[18] S. Ambrosius, *Expos. Lc* 2, 7: PL 15, 1555.

[19] Cf. Ps.-Petrus Dam., *Serm.* 63: PL 144, 861 AB. Godefridus a S. Victore, *In nat. B. M.*, Ms. Paris, Mazarine, 1002, fol. 109 r. Gerhohus Reich., *De gloria et honore Filii hominis*, 10: PL 194, 1105 AB.

[20] S. Ambrosius, *l.c.* et *Expos. Lc* 10, 24-25: PL 15, 1810. S. Augustinus, *In Io.* Tr. 13, 12: PL 35, 1499. Cf. *Serm.* 191, 2, 3: PL 38, 1010; etc. Cf. aussi Ven. Beda, *In Lc Expos.* I, c. 2: PL 92, 330. Isaac de Stella, *Serm.* 51: PL 194, 1863 A.

[21] « Sub tuum præsidium ».

[22] Conc. Nicænum II, année 787: Mansi 13, 378-379; Denz. 302 (600-601). Conc. Trident., Sess. 25: Mansi 33, 171-172.

[23] Cf. Pius XII, *Radiomessaggio*, 24 octobre 1954: *AAS* 46 (1954), p. 679. Litt. Encycl. *Ad cœli Reginam*, 11 octobre 1954: *AAS* 46 (1954), p. 637.

[24] Cf. Pius XI, Litt. Encycl. *Ecclesiam Dei*, 12 nov. 1923: *AAS* 15 (1923), p. 581. Pius XII, Litt. Encycl. *Fulgens corona*, 8 sept. 1953: *AAS* 45 (1954), pp. 590-591.

(Notifications faites pas S. Exc. le secrétaire géné-ral du Saint Concile, durant la 123e Congrégation générale, le 16 novembre 1964).

On a demandé quelle qualification théologique doit être attribuée à la doctrine qui est exposée dans le schéma « *De Ecclesia* » et soumise au vote.

À la question, la Commission doctrinale a ré-pondu:

« Comme cela va de soi, un texte du Concile doit toujours être interprété suivant les règles généra-les connues de tous. Et, à ce propos, la Commission doctrinale renvoie à sa déclaration du 6 mars 1964, dont nous transcrirons le texte:

« Compte tenu de la coutume conciliaire et du but pastoral du présent Concile, ce Saint Synode ne définit comme devant être tenus par l'Église que les éléments relatifs à la foi ou aux mœurs qu'il aura déclarés ouvertement tels.

« Quant aux autres, que le Saint Synode propose comme enseignement du Magistère suprême de l'Église, tous les fidèles et chacun d'eux doivent les recevoir et les entendre selon l'esprit de ce même Synode, ce qui se déduit soit de la matière traitée, soit de la manière dont il s'exprime, selon les nor-mes de l'interprétation théologique. »

De par l'autorité supérieure, est communiquée aux Pères la note explicative préliminaire des « Mo-di », au sujet du chapitre trois du schéma « De Eccle-sia », et selon l'esprit et le libellé de cette note, la doctrine exposée dans ce même chapitre trois doit être expliquée et comprise.

NOTE EXPLICATIVE PRÉLIMINAIRE

La Commission a décidé de faire précéder son examen des *Modi* des observations générales suivantes.

1.   *Collège* n'est pas pris en un sens strictement juridique, c'est-à-dire d'un groupe d'égaux à leur président, mais d'un groupe stable dont la structure et l'autorité doivent être déduites de la Révélation. C'est pourquoi, dans la réponse au Modus 12, il est dit expressément des Douze que le Seigneur les établit « à la manière d'un Collège ou groupe stable ». Cf. aussi Modus 53, c. — Pour la même raison, au sujet du Collège des évêques, on emploie, çà et là, les termes *Ordre* ou *Corps*. Le parallélisme entre Pierre et les autres Apôtres, d'une part, et le Souverain Pontife et les évêques, d'autre part, n'implique pas la transmission à leurs successeurs du pouvoir extraordinaire des Apôtres, ni, comme il est clair, l'égalité entre le chef et les membres du Collège, mais seulement la *proportionnalité* entre le premier rapport (Pierre-Apôtres) et le second (pape-évêques). Aussi, la Commission a décidé d'écrire, par. 63, ligne 16-19, non pas de la même façon, mais *de façon semblable*. Cf. Modus 57.

2.   On devient *membre du Collège*, en vertu de la consécration épiscopale et par la communion hiérarchique avec le chef du Collège et avec les membres. Cf. § 63, lignes 33-36.

Dans la *consécration* est donnée la participation *ontologique* aux charges sacrées, comme il ressort indubitablement de la Tradition, et même de la Tradition liturgique. C'est à dessein qu'on emploie le terme *charge*; et non pas «pouvoirs» parce que ce dernier terme pourrait être compris d'un pouvoir *apte à s'exercer*. Mais, pour qu'un tel pouvoir soit apte à s'exercer, doit intervenir la *détermination* canonique ou juridique de la part de l'autorité hiérarchique. Cette détermination du pouvoir peut consister en la concession d'un office ou l'assignation de sujets, elle est donnée selon les *normes* approuvées par l'autorité suprême. Une telle norme ultérieure est requise *de par la nature de la chose*, parce qu'il s'agit de charges qui doivent être exercées par *plusieurs sujets*, lesquels, par la volonté du Christ, coopèrent hiérarchiquement. Il est évident que cette «communion» s'est appliquée *dans la vie* de l'Église, selon les circonstances des temps, avant d'être comme codifiée *dans le droit*.

Aussi, est-il dit expressément qu'est requise la communion hiérarchique avec le chef et les membres de l'Église. La *communion* est une notion qui est tenue en grand honneur dans l'ancienne Église (comme aujourd'hui encore, surtout en Orient).

Et, on ne l'entend pas d'une espèce de vague *sentiment*, mais bien d'une réalité *organique* qui exige une forme juridique et, en même temps, est animée par la charité. Aussi, la Commission a établi presque à l'unanimité, qu'il fallait écrire: «*en communion hiérarchique*». Cf. Modus 40, et aussi ce qui est dit de la *mission canonique*, § 67, lignes 17-24.

Les documents des Souverains Pontifes récents, relatifs à la juridiction des évêques, doivent être interprétés d'après cette nécessaire détermination des pouvoirs.

3. Le Collège, qui n'existe pas sans son chef, est déclaré « *être aussi sujet du pouvoir suprême et plénier* » sur toute l'Église. Et cela doit être accepté, de peur que la plénitude du pouvoir du Pontife Romain ne soit mise en question. Le Collège, en effet, s'entend nécessairement et toujours avec son chef, *lequel garde intégralement sa charge de Vicaire du Christ et de Pasteur de l'Église universelle.* En d'autres termes, la distinction n'est pas entre le Pontife Romain et les évêques pris collectivement, mais entre le Pontife Romain pris à part et le Pontife Romain avec les évêques. Et, puisque le Souverain Pontife est chef du Collège, lui seul peut poser certains actes, qui ne sont nullement de la compétence des évêques, par exemple: convoquer le Collège et le diriger, approuver les normes d'action, etc. Cf. Modus 81. Du jugement du Souverain Pontife, à qui le soin de tout le troupeau du Christ a été confié, relève de déterminer, selon les besoins de l'Église qui varient avec le temps, la manière dont ce soin doit être appliqué, soit de manière personnelle, soit de manière collégiale. Le Pontife Romain procède, lorsqu'il s'agit de réglementer, de promouvoir et d'approuver l'exercice de l'activité collégiale, en considération du bien de l'Église, d'une façon qui est laissée à son entière discrétion.

4. Le Souverain Pontife, en tant que Pasteur suprême de l'Église, peut exercer son pouvoir en tout temps, à son gré, comme cela est requis par sa charge elle-même. Le Collège, en revanche, existe bien toujours, mais il n'agit pas toujours « en plein exercice »; bien plus, ce n'est que par intervalle et pas sans *le consentement de son chef* qu'il agit d'une façon strictement collégiale. Et, il est dit: « *avec le*

consentement de son chef», pour qu'on ne pense pas à une *dépendance*, comme de quelqu'un qui lui serait *étranger*, le terme consentement évoque, au contraire, la *communion* entre le chef et les membres et implique la nécessité de l'acte qui revient en propre au chef. Cela est affirmé explicitement, § 64, lignes 11 et ss, et développé, ibid. lignes 29-43. La formule négative «non sans» englobe tous les cas; dès lors, il est évident que les normes approuvées par l'autorité suprême doivent toujours être observées. Cf. Modus 84.

Et, en tout cela, il apparaît également qu'il s'agit d'une *union profonde* des évêques avec leur chef, jamais d'une action des évêques *indépendamment* du pape. En ce cas, l'action du chef faisant défaut, les évêques ne peuvent pas agir, en tant que Collège, ainsi qu'il ressort de la notion de «Collège». Cette communion hiérarchique des évêques avec le Souverain Pontife est certainement habituelle dans la Tradition.

N.B.   Sans la communion hiérarchique, la charge sacrementelle-ontologique, qui doit être distinguée de l'aspect canonico-juridique, *ne peut pas* être exercée. Toutefois, la Commission a estimé qu'elle n'avait pas à entrer dans les questions de *licéité* et de *validité* ; elle laisse *ces questions à la discussion des théologiens, en particulier pour ce qui regarde le pouvoir qui, de fait, est exercé par les Orientaux séparés et par l'explication duquel les avis sont divers.*

+ *PERICLE FELICI*
archevêque titulaire de Samosate,
secrétaire général du
SS. Concile œcuménique Vatican II.

124

TABLE DES MATIÈRES